THE PRESENTATION
더 프레젠테이션

THE PRESENTATION
더 프레젠테이션

초판 1쇄 인쇄 2020년 9월 23일
초판 3쇄 발행 2025년 9월 15일

지은이 정진석

기획 김선영
편집 문태호
마케팅 임동건, 이유림
마케팅 지원 안보라
경영지원 임정혁, 이지원
펴낸곳 플랜비디자인
디자인 빅웨이브

출판등록 제 2016-000001호
주소 경기도 화성시 동탄첨단산업1로 27 동탄IX타워 A동 3210호
전화 031-8050-0508
팩스 02-2179-8994
이메일 planbdesigncompany@gmail.com

ISBN 979-11-89580-49-0

이 도서의 국립중앙도서관 출판예정도서목록(CIP)은 서지정보유통지원시스템 홈페이지(http://seoji.nl.go.kr)와 국가자료종합목록 구축시스템(http://kolis-net.nl.go.kr)에서 이용하실 수 있습니다. (CIP제어번호 : CIP2020037935)

보고에서 회의까지 '직장인 리얼 프레젠테이션'

THE PRESENTATION
더 프레젠테이션

글 **정진석** 일러스트 **정나은**

플랜비디자인

CONTENTS

프롤로그 • 012
내가 배웠던 프레젠테이션, 업무에는 맞지 않았다
기업 업무에서 통하는 리얼 프레젠테이션!

PART 1
나의 프레젠테이션, 지금까지 왜 통하지 않았을까?

Chapter 1. 원칙을 몰라서! 업무 프레젠테이션은 "효율" 그 자체다 • 019
30초 안에 핵심을 전달한다
결론/주장부터 이야기한다
구체적으로 표현한다
〔인정받는 심화 스킬〕 숫자(Data)만 나열하지 말고, 정보와 전략을 찾아 주장하라! • 026

Chapter 2. 리더를 몰라서! 리더의 특성을 알면 프레젠테이션이 더 쉬워진다 • 032
수시로 딴생각에 빠져든다
마음대로 생각하고, 멋대로 해석한다
리더라고 모두 다 알 수 없다!

Chapter 3. 리더의 YES를 부르는 콘텐츠를 몰라서! 리더 맞춤으로 설득한다 • 041
리더의 특성과 관심사 파악이 먼저다
〔실전 TIP〕 리더 사이에서의 갈등상황, 이렇게! • 043
고위 경영자 대상, 간결하게 핵심부터
〔인정받는 심화 스킬〕 리더의 관점으로 분석하고 대응하는 'KEH 분석 프레임' • 048

Chapter 4. 리더를 집중시킬 줄 몰라서! 리더가 몰입할 수 있는 장치 요소를 만든다 • 055
리더가 들어야 하는 의미를 만들어준다
지치지 않고 집중하도록 기획하고 발표한다
호기심을 자극해서 '지식의 공백'을 만든다
강력한 은유를 찾아서 작성하고 설명한다

> **PART 2**
> ## 인정받는 프레젠테이션, 기획부터 스마트하게

Chapter 1. 시작 전에 오늘부터 버려야 할 것들 · 068
현실을 넘어 '워크 스마트'하라!
스티브 잡스, TED는 잊어라!
모두 외운다는 강박관념을 버려라!
어두운 배경의 감각적 슬라이드! 오히려 독이다

Chapter 2. 기획의 시작, 목적과 종류를 먼저 생각하라! · 079
'목적'만 분명해도 절반은 성공! 목적에 따라 전략을 다르게 세운다
'종류'에 따른 특성과 강조점으로 차별화해 작성하고 발표한다

Chapter 3. 어떤 자료에도 잘 통하는 '스마트 슬라이드' · 089
모든 슬라이드를 '스마트 슬라이드'로 만들어라!
'스마트 슬라이드'의 다양한 장점으로 워크 스마트하자!
각각의 슬라이드, '수직논리'로 간단명료하게 표현한다
스마트 슬라이드의 핵심을 '헤드라인'으로 주장하라!
〔인정받는 심화 스킬〕 보자마자 설득되는 '헤드라인'을 쓰려면? · 102
다양한 이유와 근거로 주장의 신뢰를 높인다
〔실전 TIP〕 업무용 스마트 슬라이드를 위한 수직논리의 구성과 발표 · 110

Chapter 4. 현업에서 YES를 부르는 스토리 라인은 따로 있다 · 112
현업에서 인정하는 좋은 스토리 라인?
스토리를 논리로 만드는 방법1: 핵심이 누락되지 않게 하는 MECE!
스토리를 논리로 만드는 방법2: 최적의 '수직논리'와 '수평논리'를 기획한다
스토리를 논리로 만드는 방법3: 두괄식 VS 미괄식을 전략적으로 선택하라!
스토리를 논리로 만드는 방법4: 집중과 관심을 끌어올리는 '해결플롯'
〔인정받는 심화 스킬〕 One Page Report(한 장 보고서) 원리의 발표 자료 · 127

Chapter 5. 이해가 빨라지고, 발표가 쉬워지는 시각화 · 132

다양한 방법으로 시각화한다 - 다양성

보자마자 이해할 수 있게 시각화한다 - 직독성

다 버리고 핵심을 드러낸다 - 단순화

실전 TIP 인포그래픽, 아트클립은 어떻게? · 138

Chapter 6. 놓치면 안 되는 디테일 체크 리스트 · 140

완벽한 디테일로 신뢰감을 높인다

명확하고 매끄럽게 읽히는 문장을 사용한다

수평논리를 전개하는 제목의 균형을 맞춘다

작성단계의 리허설을 반드시 실행하자!

실전 사례 사례로 실습하는 업무 프레젠테이션의 기획과 작성 · 146

> **PART 3**
> # 업무 프레젠테이션, 발표는 당당하게

Chapter 1. 통하는 프레젠테이션이 다르게 느껴지는 세 가지 이유 · 156

첫째, '반드시'가 있다

둘째, 참석자를 지루하게 만들지 않는다

인정받는 심화 스킬 참석자를 몰입하게 만드는 발표 장치, 질문 & 스토리텔링 · 160

셋째, 바로 지금부터 잘하겠다고 진정한 '선택'을 한다

Chapter 2. 당당하고 자신감 넘치는 발표자의 5가지 원칙 · 171

하나, 밝고 자신감 넘치게 발표한다

둘, 대화하듯 발표한다

인정받는 심화 스킬 마이크도 프로답게 사용하는 방법 · 177

셋, 아이컨택 보다 '표정컨택'한다

넷, 제스처를 적극적으로 사용한다

실전 TIP 양손의 첫 위치 자리잡기가 올바른 제스처의 시작이다! · 187

실전 TIP 레이저 포인터는 자신감 있고, 올바르게 · 189

다섯, 롤러코스터 같은 변화의 스피치를 한다
<인정받는 심화 스킬> 강조와 리듬감 있는 스피치를 위해, 동그라미를 그려라! · 196
<실전 TIP> 앉은 자리에서 발표할 때! 적극적으로 당당하게 · 198

Chapter 3. 리허설부터 클로징까지 각 단계별로 보는 발표의 핵심 · 200

리허설: 성공적인 발표 에너지를 축적하자!
오프닝: 참석자를 빠르고, 강하게 집중시킨다
메인: 주장의 이해와 설득이 핵심이다
클로징: 핵심 강조와 설득으로 마무리한다
<인정받는 심화 스킬> 프로의 슬라이드 연결과 전환 화법 · 211
<인정받는 심화 스킬> 발표만큼 중요한 질의응답, 프로답게 받는 방법 · 213
<실전 TIP> 언택트(Untact) 프레젠테이션! 치밀하고 간단명료하게 · 217

PART 4
리얼 프레젠테이션, 스킬이 아니라 태도다!

Chapter 1. 탁월한 프레젠테이션, 일하는 방법에서부터 차이가 난다 · 222

불가능의 이유가 아닌, 되는 방법을 찾아서 발표하라!
개선/기획형에 더욱 집중한다
<인정받는 심화 스킬> 모두에게 옳은 대안 중에서 선택하게 한다 · 228
올바른 업무 받기가 프레젠테이션의 시작이다
중간보고 없다면, 험난한 길을 예상하라!

Chapter 2. 철저함과 자신감이 실력이다 · 236

발표를 망치는 머피의 법칙부터 버려라!
나의 떨림과 소심함, 어떻게?
발표 자신감, 리허설 횟수에 따른다!

에필로그 · 247

> ## 지금, 바로 쓸 수 있는
> ## 실전 Tip 빨리 찾기

☑ 제목, 내용, 목차 그리고 스토리 라인 기획

발표 자료의 목적, 목적별 Tone & Manner와 유의점은? • 079
발표 자료의 표지 제목은 어떻게 정하나? • 088
발표 자료의 종류에 따라서 반드시 넣어야 할 내용과 강조 사항 • 085
중요한 내용이 빠지지 않게 하는 법, MECE! • 114
발표하고 싶은 이야기가 아주 많습니다. 어떻게 내용을 핵심 위주로 줄이나요? • 119
단순한 정보의 나열이 아니라, 중요한 정보와 전략을 찾아서 표현하는 방법 • 026
솔직하게 어렵다고 발표했는데, 리더가 싫어합니다. 어떻게 대응해야 하나요? • 223, 228
리더의 궁금증, 기대사항은 어떻게 찾아서 자료 작성에 반영하나? • 048, 146
스토리 라인의 전개: 두괄식, 미괄식은 언제 어떻게 사용해야 하나? • 121
두괄식으로 발표하면 두서가 없다고 하는데 어떻게 부작용을 줄일 수 있나? • 122
미괄식으로 발표하면 주장이 무엇이냐고 하는데 어떻게 대응하나? • 124
문제에 대해서 참석자를 처음부터 강하게 집중하게 만드는 스토리 라인은? • 125
스토리 라인 전개를 위한 각 단원의 소제목을 정할 때 주의할 점은? • 144
사업 기획서 등과 같은 새로운 주제에 대한 기획서는 어떻게 작성하나? • 146
한 장 보고서(One Page Report)는 어떻게 작성하나요? • 127

☑ 스마트한 업무 슬라이드 작성

슬라이드 배경을 어둡고, 세련되게 하는 것이 좋을까? • 076

최신 버전의 프레젠테이션 소프트웨어, 폰트를 사용해야 하나? • 078

한 장의 슬라이드를 논리적이고 간단명료하게 표현하는 원리! • 093, 097, 110

시간의 흐름에 따른 논리적 흐름은 어떻게? • 099

각 슬라이드의 핵심 내용인 결론/주장을 임팩트 있게 표현하는 방법 • 102

업무자료에 사용하지 말아야 할 두리뭉실한 표현 • 024

주장/결론에 대해 신뢰성을 높이는 이유와 근거는 어떻게? • 106

이해시키기 어렵고 복잡한 내용은 어떻게 작성하나요? • 063

주장/강조점/표/그래프 등을 간단명료하게 표현하고, 드러나게 하는 법 • 132, 136

다양한 색과 도형으로 슬라이드를 멋있게 꾸미는 것이 좋을까요? • 137

인포그래픽, 아트클립을 적극적으로 사용할까요? • 138

일자, 단위, 각주 등의 주요 표기법 작성에서 주의할 점은 무엇인가요? • 140

헤드라인 및 주요 내용의 문장을 작성할 때 주의할 점 • 142

최종 작성 후 점검 방법과 체크 리스트는? • 145

☑ 프레젠테이션 리허설과 준비

내용을 모두 외워서 발표해도 될까! • 074

발표에 자신이 없는데, 원고를 보며 발표를 해도 될까요? • 075

리허설 할 때 주의하거나, 집중해야 할 포인트는 무엇인가요? • 200

발표(회의, 보고, 미팅)전에 주의하거나, 점검해야 할 체크 리스트 • 236

갑작스럽게 발표 시간이 줄어들면 어떻게 대응하나? • 240

내일 갑자기 발표하라고 합니다. 어떻게 해야 하나요? • 241

발표할 때마다 많이 떨립니다. 어떻게 대응해야 하나요? • 245

언택트(Untact) 프레젠테이션! 어떻게 준비하고, 발표해야 하나요? • 217

☑ 발표에서 리더의 주목과 'Yes'를 얻는 원칙과 장치들

기업과 리더에게 통하는 업무 프레젠테이션의 핵심은? • 014

리더가 발표 주제에 관해 관심과 우호적인 감정을 갖게 하는 방법과 중요성 • 048, 055

각 슬라이드를 논리적으로 간단명료하게 발표하는 법 • 110

질문을 효과적으로 잘 사용하는 법 • 160

질문을 받는 법과 주의할 점은? • 213

발표를 하면 항상 뜻밖의 중요한 질문을 받는데, 자료에 미리 포함하는 방법은? • 048

질문을 받았는데 미처 검토하지 않은 내용입니다. 어떻게 해야 하나요? • 117

중요한 부분에서 리더가 집중하지 않습니다. 어떻게 해야 하나요? • 032, 035

스토리텔링을 업무발표에 이용해서 리더를 몰입하게 만드는 방법 • 164

다양한 참석자가 모인 자리에서는 난이도나 용어를 누구에게 맞춰야 하나? • 047

고위 경영자 대상으로 발표할 때 특별히 신경 써야 할 것은 무엇인가요? • 044

리더와 자료를 검토하면, 처음에 이해했던 지시사항과 다릅니다. 어떻게 해야 하나요? • 231, 232

중간 리더와 그 위의 리더 사이에 끼어서 어렵습니다. 어떻게 대응해야 하나요? • 043

☑ 프레젠테이션 발표 자세와 목소리

발표를 잘하기 위해 발표 전에 명심해야 할 것 · 199
발표 부담감으로 참석자가 잘 안 보이고, 자신감이 줄어들 때 · 182
누구를 보면서 발표를 해야 하나? · 180
불편하고, 어려운 아이컨택 꼭 해야 하나요? · 179
제스처, 꼭 사용해야 하나요? 어떻게 쉽게 할까요? · 182, 187
레이저 포인터를 사용해야 하나요? 주의할 점은? · 189
마이크는 언제, 어떻게, 어떤 것을 사용하나? · 177
발표할 때 배에서 소리를 내라고 하는데, 정말 중요한가요? · 190
"어, 에"말버릇 어떻게 해야 하나? · 176
차분한 목소리의 사람이 중요한 내용을 강하게 말하는 법 · 193
말할 때 강조할 포인트를 놓치거나 리듬감 없이 자꾸 엉킵니다. 어떻게? · 196
발표를 시작할 때, 중요한 점은? 어떤 말로 발표를 시작하면 좋을까? · 202
다음 슬라이드로 넘어갈 때, 자연스럽지 않습니다. 어떻게 연결하면 좋을까요? · 211
발표를 끝낼 때 주의할 점과 좋은 끝맺음 방법은? · 208
업무발표 내부분은 있어서 하는데, 이렇게 해야 하 나요? · 198

 PROLOGUE

☑ 내가 배웠던 프레젠테이션, 업무에는 맞지 않았다

삼성전자 입사 전엔 프레젠테이션에 관한 책을 사서 공부했고, 입사 후엔 국내외 유명 강사들에게서 프레젠테이션 기획과 발표 스킬을 배웠습니다. 하지만, 배운 내용이 실제 상황과 너무 달라서 회사생활 내내 혼란스러운 정보로 작용할 때가 많았습니다.

아래 내용은 제가 배웠던 '프레젠테이션 잘하는 방법' 중 일부입니다. 아마 한 번쯤 보셨을 겁니다. 그러나 검증되지 않은 지침들이죠. 알고 있는 것들과 같은지 한 번 체크해보세요.

- ☐ 슬라이드는 최소한의 글자로 단순하고, 아름답게 만들어라
- ☐ 멀티미디어와 슬라이드 쇼를 사용해서 최대한 역동적으로 만들어 발표하라
- ☐ 최신 버전의 프레젠테이션 소프트웨어를 사용해서 최신 기능을 다양하게 사용하라
- ☐ 항상 두괄식으로 작성하고, 발표하라
- ☐ 슬라이드의 배경색은 검거나 어두운색을 사용하라
- ☐ 인포그래픽이나 세련되고 고급스러운 도형을 사용하라
- ☐ 2차원보다는 3차원으로 그려라
- ☐ 스티브 잡스나 TED처럼 발표하라
- ☐ 자료를 다 외우고, 참석자만 보며 발표하라

- ☐ 스크린을 가리면 안된다.
- ☐ 참석자를 스크린이 아니라, 발표자에게 집중하게 하라
- ☐ 참석자와 반드시 아이컨택하며 발표하라
- ☐ 항상 서서 움직이며, 제스처를 써라
- ☐ 목소리는 복식 호흡을 하며, 배에서 나오는 좋은 소리를 내야 한다

앞의 내용을 적용해서 만든 자료와 자세로 사장님 앞에서 프레젠테이션한다고 생각해 봅시다. 좋은 평가는커녕 준비한 내용을 다 전하지도 못하고 5분 내로 프레젠테이션을 마쳐야 할 수도 있을 것입니다. 저도 실제로 당황한 적이 많습니다. 그러던 어느 날 회사 소통 게시판에 아래와 같은 글이 올라온 것을 보았습니다.

'우리 회사에 실제 업무용 프레젠테이션 전문가는 없나요? 가이드 라인도 없고, 시중의 서적들은 일반적인 얘기만 해서 회사 분위기에 잘 맞지 않는 것 같습니다. 사내에서 진짜 업무용으로 맞춰서 프레젠테이션 제작이랑 발표를 잘하는 분한테서 그 노하우를 배우고 싶습니다. 아시는 분들께서는 꼭 추천 좀 해 주세요!'

실전에 적용하기 어렵고, 검증도 안 된 지침으로 내가 혼란을 느꼈듯이 다른 사람들도 어려움을 느끼고 있다는 확신이 들었습니다. 이후 몇 년간 실제 발표현장에서 프레젠테이션의 왜곡된 지침을 검증하기 시작했습니다. 발표를 잘하는 사람과 그렇지 않은 사람을 비교 검증하며 꾸준히 보

완했습니다. 그리고 검증된 내용을 토대로 후배에게 강의해 왔습니다.

그 결과, 왜 왜곡된 지침이 프레젠테이션의 강력한 속설로 일반화되었는지 알 수 있었습니다. 첫째, 다수의 프레젠테이션 저자와 강사들이 기업에서의 실무 경험이 충분하지 않았습니다. 둘째, 실무 경험이 많아도 이들 저자나 강사도 강력하게 뿌리내려 있는 프레젠테이션의 왜곡된 지침을 현실에서 검증하지 않고 그대로 인용했습니다. 셋째, 기업에서 주로 사용하는 업무용 프레젠테이션이 아니라 주로 강연용, 경쟁용, 홍보용에 초점을 맞추고 있었습니다.

이러한 확신을 바탕으로 기업의 다양한 현장에서 실제로 활용할 수 있는 '직장인을 위한 프레젠테이션의 기획과 발표 지침서'를 작성하기로 결심했습니다.

☑ 기업 업무에서 통하는 리얼 프레젠테이션!

'직장 생활을 하는 25년간 업무 회의, 고객 미팅, 프로젝트, 크고 작은 국내외 행사에서 수많은 프레젠테이션을 해왔다. 대부분의 발표를 마치고 나면 그 이유는 명쾌하지 않았지만 100%, 아니 90% 이상 스스로 만족해 본 적이 없었다.

중요한 프레젠테이션을 할 때마다 잘하고 싶은 열정이 넘쳤기에 최선은 다했지만, 10여 년이 지나도 프레젠테이션 역량은 크게 발전하지 않았다. 실력은 조금씩 늘었지만, 매번 발표 때마다 새로 리셋되는 느낌이었다. 그 원인을 결론부터 이야기하자면, 나는 신입사원 시절부터 최근까지 기업의 현실에서 통하는 올바른 프레젠테이션 지침을 가지고 있지 않았다!'

이제부터는 이와 같은 시행착오를 최대한 줄이는 데 초점을 맞출 것입니다. 앞에서 기업의 업무 프레젠테이션에 적용하기 어려운 맹신과도 같은 지침들을 확인했습니다. 그러면, 업무발표에서 실제로 요구되는 중요한 것들은 무엇일까요? 우리 회사도 마찬가지일까 생각하면서 체크해 봅시다!

- [ ] 프레젠테이션을 잘하는 사람보다는 열의에서 나오는 좋은 주장
- [ ] 현상의 데이터/정보만의 나열이 아닌, 주장/의견이 보이는 자료
- [ ] 불가능한 이유가 아니라, 되게 하는 방법을 찾아서 하는 발표
- [ ] 주어진 시간 안에 리더를 만족시키는 효과적 작성과 발표
- [ ] 보고서 겸용 또는 전용의 프레젠테이션 슬라이드 작성
- [ ] 대면보고, 비대면보고 상관없이 이해하기 좋은 슬라이드
- [ ] 논리적으로 잘 작성되어 발표와 이해가 쉬운 간명한 자료
- [ ] 리더/참석자의 다양한 요구를 파악하고 대응하는 자세와 자료 작성
- [ ] 신념 있는 주장과 신뢰성 높은 근거
- [ ] 아나운서 같은 목소리나 자세가 아닌, 업무 능력에서 나오는 자신감과 열의
- [ ] 리더/참석자가 지루해하지 않고, 주의력을 지속 흡인하려는 의지와 발표 스킬
- [ ] 자리에 앉아서도 프로같이 발표하는 프레젠테이션 스킬

위와 같이 다양한 업무발표에서 실제로 중요한 내용을 중점적으로 살펴보기 위해 '보고에서 회의까지 직장인 리얼 프레젠테이션'의 세계로 지금부터 들어가 보겠습니다.

PRESENTATION

PART 1

"나의 프레젠테이션, 지금까지 왜 통하지 않았을까?"

파트1은 단순하게 학습하고 활용하는 스킬 이야기가 아닙니다. 왜 그렇게 해야 하는지에 대한 깊은 공감 없는 스킬은 실제 적용에 한계가 있습니다. 이는 프레젠테이션의 기획, 작성, 발표의 기본 개념과 원리입니다.

말을 잘한다고 프레젠테이션도 잘하는 것은 아닙니다. 말을 잘하는 것은 프레젠테이션을 잘하기 위한 단순 필요조건입니다. 커뮤니케이션을 진짜로 잘하기 위해서는 완전한 공감과 이해에 초점을 맞추어야 합니다. 높은 수준의 커뮤니케이션을 요하는 프레젠테이션을 위해서는 먼저, 기업의 다양한 업무에서 완전한 커뮤니케이션(소통)을 방해하는 장애 현상을 이해해야 합니다. 그리고, 이를 극복하는 원리에 대해 깊게 공감해야 합니다. 특히, 기업의 리더에 대한 커뮤니케이션의 주요 장애를 이해한다면, 프레젠테이션으로 리더를 이해시키고 설득하기가 훨씬 쉬워집니다.

이러한 이해를 통해 프레젠테이션에 대한 전략과 마음가짐이 개선된다면 목소리가 안 좋거나, 발표 스킬이 서툴더라도 자신의 발표 내용을 진솔하고, 설득력 있게 전달할 수 있습니다. 업무에서 탁월한 프레젠테이션을 하는 지름길입니다.

> **CHAPTER 1**
>
> ## 원칙을 몰라서!
> ## 업무 프레젠테이션은 "효율" 그 자체다

기업이란, 직급이 높을수록 다양한 이유로 마음이 소란스럽고 바쁜 사람이 많은 곳입니다. 그렇다면, 주로 우리의 청중이 되는 이들의 일반적인 특성을 먼저 확인해 보겠습니다.

- 스스로 항상 바쁘다고 생각한다.
- 제목 또는 앞의 내용만 보고 일단 중요성을 판단한다.
- 내용을 대충 훑어본다.
- '다른 사람이 하겠지!'라고 생각한다.
- 메일이나 대면보고 내용을 내 의도와 다르게 오해할 수 있다.
- 메일이나 보고서는 '나중에 다시 봐야지!'라고 생각한다. 그리고 못 볼 수 있다.
- 발표자만큼 내용의 심각성을 쉽게 공감하지 못한다.

• 복잡한 내용에 대해 짜증을 낸다

이런 청중의 특성을 알고 소통한다면 훨씬 효과적인 프레젠테이션을 할 수 있습니다. 이처럼 바쁜 사람들과 효과적으로 소통하는 것을 '효율지향 소통' 또는 '목적지향 소통'이라고 합니다. 비즈니스 커뮤니케이션에서 가장 기본적인 원리인 효율지향 소통의 핵심을 파악하는 것이 성공적인 프레젠테이션의 첫걸음입니다.

> **효율지향 소통의 4가지 핵심**
> • 바쁜 상대를 배려해서 간단명료하게 이야기한다.
> • 간단한 사안은 결론/주장부터 이야기하는 두괄식으로 한다.
> • 말이나 글의 표현이 두리뭉실하지 않고 구체적이어야 한다.
> • 데이터만 나열하지 말고, 필요한 정보를 찾아 자신의 의견으로 주장한다.

효율지향[1] 소통의 4가지 핵심은 비즈니스 프레젠테이션을 왜, 어떻게 기획하고 발표해야 하는지를 근본적으로 이해할 수 있게 하는 중요한 내용입니다. 이 4가지 핵심을 업무현장에서 왜, 어떻게 적용할 수 있는지 확인해 보겠습니다.

☑ 30초 안에 핵심을 전달한다

'우리 팀의 김 대리는 말을 참 감동적으로 잘한다. 김 대리가 회식 자리에

---

[1] 저자는 '효율지향'의 뜻에 '효율성'과 '효과성'의 의미 두 가지를 포함해서 표현

서 일어서서 말할 기회가 되어 말을 하면, 한 편의 시를 이야기하는 것처럼 감동적이다. 그의 말을 듣고 나면, 모든 사람이 손뼉을 치며 즐거워한다. 그런데 문제는 그의 업무 커뮤니케이션 스타일이다. 김 대리는 전형적인 정서지향 소통의 마스터다. 어떤 업무 이야기를 해도 구구절절 말이 참으로 길다. 그와 직접 이야기해 보면 보통 1~2분이면 끝날 수 있는 이야기를 10~20분에 걸쳐서 이야기하는 것 같이 아주 지루한 느낌이 든다. 그래서인지 몰라도 김 대리 동기의 대부분은 차장인데, 아쉽게도 그의 직책은 아직도 대리다!'

사석이나, 친구들과 일상적으로 사용하는 대화법을 이용해서 장황하게 리더에게 보고하면, 마음이 급한 리더는 당장 "이야기의 핵심이 뭡니까?" " 결론부터 이야기해 주세요!"라며 중간에 말을 끊고 들어옵니다. 이런 상황에 익숙하지 않은 보고자는 리더가 자신의 이야기를 끝까지 듣지 않는다고 투덜거리며, 불만을 키웁니다. 이런 상황이 반복되면, 리더와의 관계는 더욱 안 좋아집니다.

회사에서 '정서지향' 소통을 자주 사용해 왔던 한 사원은 "우리 부장님은 제가 무슨 말만 하면 다 듣지도 않고 결론부터 이야기하라고 하는데, 대화가 안 돼서 속상해 죽겠습니다!"라며 하소연을 합니다.

평소, 리더가 여러분의 말을 이런 식으로 중간에 자주 끊는 편이라면, 업무관련 소통이 잘 되게 하는 '효율지향' 커뮤니케이션을 사용해야 합니다. '효율지향' 커뮤니케이션의 원리를 업무보고나 프레젠테이션 발표에 적용하면 효과가 좋습니다.

간단한 대면보고에서 핵심을 30초 이내에 듣지 못하면, 짜증을 내는 사람 - 특히, 리더 - 이 기업에는 아주 많습니다. 이런 사람들은 다양한 일과 복잡한 생각으로 마음에 여유가 많이 없는 사람들입니다. 이런 사람들과 업무 대화를 할 때는 상대의 시간과 에너지를 아껴주는 소통 방법이 필요합니다.

이런 바쁜 사람들과는 엘리베이터 스피치를 하십시오! 엘리베이터를 같이 타고 내려가는 30초에서 1분 사이에, 자신이 이야기하고자 하는 핵심(결론/주장)을 간단하고, 명확하게 상대에게 전달하는 것입니다.

☑ 결론/주장부터 이야기한다

커뮤니케이션 방식은 크게 정서지향 대화법과 효율지향 대화법으로 나눌 수 있습니다.

상호 마음을 편하게 하는 대화법을 'Rapport Talk'(정서지향 소통)라고 하고 목적, 문제, 핵심 위주로 간명하게 이야기하는 방법은 'Report

그림 1-1

Talk'(효율지향 소통)라 합니다.

> **장황한 이유나 근거부터 이야기하는 정서지향 대화 사례**
>
> **팀원** "매일 한 끼를 굶고, 1시간 이상 운동하려고 합니다."
>
> **리더** "무슨 이야기를 하고 싶은 겁니까?"
>
> **팀원** "다이어트를 하면 날씬한 몸매를 유지할 수 있습니다."
>
> **리더** "그래서 무엇을 하고 싶은데요?"
>
> **팀원** "다이어트에 성공해서 핏[fit]이 좋은 옷을 입고 싶습니다."
>
> **리더** "아, 그런 목적으로 이야기한 것이군요!"

팀원의 대화법은 일상에서 잡담처럼 나누는 대화에 적합한 방법으로, 서로가 친해지기 위해서 소통하는 방법으로써는 문제가 없습니다. 그렇지만 회사에서 리더에게 이런 순서로 업무보고를 하면, 보고하는 동안 리더는 계속 대화의 목적/주장을 궁금해합니다. 보고의 끝에 도달하고 나서야 드디어 주장을 듣게 됩니다. 그래서 바쁜 리더들은 짜증을 내며 중간에 말을 끊고, 핵심을 먼저 묻습니다.

다음에는 보고자가 결론/주장부터 이야기할 때 리더의 반응을 생각해 보겠습니다.

> **결론/주장부터 이야기하는 효율지향 대화 사례**
>
> **팀원** "다이어트에 성공해서 멋있는 옷을 입으려고 합니다."

리더 "그렇습니까!"

팀원 "다이어트를 하면 날씬한 몸매를 유지할 수 있습니다."

리더 "그렇군요!"

팀원 "매일 한 끼를 굶고, 1시간 이상 운동하려고 합니다."

리더 "열심히 해 보세요!"

차이가 느껴지나요? 리더의 반응이 좋게 흘러갑니다. 두 가지 대화 방법의 차이는 간단합니다. '정서지향 대화'는 '근거/방법 ⇨ 이유 ⇨ 결론/주장'의 순서로 이야기합니다. '효율지향 대화'는 같은 내용을 '결론/주장 ⇨ 이유 ⇨ 근거/방법'의 순서로 이야기합니다.

기업에서의 업무자료나 발표는 특별한 이유가 없는 한 '결론/주장'부터 이야기하는 '효율지향' 소통 방식을 적극적으로 권장합니다.

☑ 구체적으로 표현한다

효율지향 소통의 원칙 중, 결론/주장부터 이야기하는 것 다음으로 중요한 것은 당연하거나, 두리뭉실한 표현을 사용하지 않는 것입니다.

'팀장님, 사탕은 답니다!'와 같이 너무나도 당연하거나, 특별한 의미를 주지 않는 이야기는 하지 않습니다. 세상에 달지 않은 사탕이 있을까요? 업무에서 '사탕은 답니다!'라는 식의 이야기를 듣거나 보고를 받는 리더는 이런 막연하고, 두리뭉실한 표현에 화가 납니다.

업무에서의 문장 표현은 뜬구름 잡는 듯이 애매하면 안 되고, 아래의 예제와 같이 객관성과 구체성을 갖도록 표현해야 합니다.

- 잘해야 합니다. ⇨ 지금보다 120% 더 노력해야 합니다.
- 앞으로 열심히 하면 됩니다. ⇨ 당분간 퇴근을 2~3시간 늦춰서 그 일을 성공적으로 마무리하겠습니다.
- 우리 회사는 이것이 많습니다. ⇨ 기준보다 20% 많습니다.
- A가 부족합니다. ⇨ A가 경쟁사 대비 30% 부족합니다.

인정받는 심화 스킬
숫자(Data)만 나열하지 말고, 정보와 전략을 찾아 주장하라!

'김 부장은 자사 주력제품의 시장의 크기 Market Size가 지속해서 줄어드는 현상을 데이터 분석을 통해서 확인했다. 일반적인 발표자라면 "주력제품의 시장이 축소되어서 판매가 안 되고 있습니다."라고 전략회의에서 발표한다.

그러나 통찰력 있는 김 부장은 여기서 멈추지 않고, 시장 축소의 근원을 찾아내 가까운 미래에는 주력제품 대신 새로운 대체품이 시장을 확장해 나갈 것이라는 결론에 도달했다.

그리고 전략회의에서는 경영자에게 새로운 제품군이 가까운 미래의 주력 시장으로 커나갈 것을 발표하고, 최대한 발 빠르게 관련 제품에 관한 연구와 투자가 필요하다고 주장한다. 김 부장은 차기 임원으로 예측되는 촉망받는 사람이다.'

프레젠테이션 내용 구성에 가장 중요한 핵심입니다. 두리뭉실하지 않은 데이터의 분석과 표현에 대해 자세히 알아봅시다.

똑같은 데이터를 분석해서 작성한 프레젠테이션을 하더라도, 평범한 사람들은 평범한 내용의 프레젠테이션을 합니다. 통찰력이 뛰어난 사람들은 남들이 쉽게 보지 못하는 의미 있는 정보를 찾아서 발표자의 주장으로 만듭니다. 그리고는 리더가 쉽게 공감하지 못하는 주장의 의미를 공감하도록 논리적으로 이해시키고 적극적으로 설득합니다.

통찰력 있는 발표자는 정보의 나열이 아닌, 중요한 문제의 해결안이나 성공의 기회를 찾아서 자신의 주장으로 만듭니다. 기업에서 사랑받는 실력자가 되려면 이런 통찰력의 자질이 필요합니다.

프레젠테이션을 잘한다고 하면, 보통은 자료를 보기 좋게 잘 만들고 멋있게 발표하는 것을 이야기합니다. 그러나, 프레젠테이션을 진짜 잘하는 사람은 슬라이드의 모양이나 말솜씨보다는 발표 주제에 관련된 데이터의 광산에서 보석과 같은 해결안, 새로운 기회를 찾아내는 사람입니다. 그리고, 그것을 프레젠테이션을 통해서 리더를 이해시키고, 설득해서 기업이 또 다른 성공으로 빠르게 움직이게 만드는 능력을 갖추고 있는 사람입니다.

빅데이터 분석을 통해서 히트 상품을 발굴하거나 시스템의 개선을 제안하는 것이 요즘 대세입니다. 인공지능 등 IT 시스템을 활용한 빅데이터 분석을 통해 통찰의 혜안을 얻습니다.

그러나, 통찰력 있는 사람은 빅데이터 분석 시스템의 도움 없이도, 주변에서 구할 수 있는 각종 데이터의 분석을 통해 남들이 잘 보지 못하고 흘리는 중요한 정보를 찾아내는 역량이 있습니다.

빅데이터뿐만 아니라, 일상에서 보고 듣고 접하는 정보 모두가 데이터입니다. 이런 데이터의 홍수 속에서 눈앞에 보이는 것에만 집중하는 관계로, 몇 단계 뒤에 숨겨진 중요한 정보를 놓치기 쉽습니다. 그러니 표면적으로 나타나는 데이터만 읽으려 하지 말고, 의미 있는 전략적 정보를 찾아내려는 훈련이 필요합니다. 숨어 있는 핵심 정보를 캐내려는 광부와 같이 다양한 관점으로 데이터나 현상을 깊게 분석하거나, 숨어있는 중요 정보를 읽어낼 수 있어야 합니다.

새로운 기회의 발굴과 주장이 기업의 역동성이 되고, 프레젠테이션의 진짜 가치입니다.

다음의 2가지 관점과 방법으로도 단순 데이터에서 의미 있는 전략적 정보를 찾아낼 수 있습니다. 이렇게 찾아낸 정보를 이용해서 자신의 주장을 뒷받침할 수 있다면 여러분은 이미 기업이 필요로 하는 능력자입니다.

1. '5 Why?'로 문제의 근본적인 원인과 대안을 찾는다.

발표자가 일차적인 깊이로만 데이터 분석을 해서 - 표면적으로 보이는 대로만 정리해서 - 발표자의 주장이 리더에게 신뢰와 공감을 주지 못하는 때가 자주 있습니다. 또는 중요한 혜안Insight을 놓치기도 합니다.

문제의 근본적인 원인이나 인사이트를 찾기까지는 몇 단계로 파고들어 가야만 합니다. 이러한 활동을 지원하는 6시그마, TRIZ, 브레인스토밍, 디자인씽킹, 로직트리, 5 Why 등의 다양한 방법론들이 있습니다.

쉽게 이해하고 적용할 수 있는 '5 Why 기법'을 먼저 알아 봅시다. '5 Why 기법'은 다섯 차례에 걸쳐 'why'라는 물음을 던지고 이를 통해 현상을 분석하는 방법입니다. 표면적인 사실을 더욱 깊이 들여다보면서 보다 근본적인 원인 파악과 대책 수립이 가능해집니다. 예를 들어 보겠습니다.

- **현상: 당사 A 제품의 시장 점유율이 급격히 줄고 있다**

  - Why 1: 주요 원인은?

    ⇨ A 제품에 대한 경쟁사의 시장 점유율이 높아지고 있다.

  - Why 2: 경쟁사는 왜 갑자기 A 제품 판매에 주력하고 있지?

    ⇨ 경쟁사는 현재 B 제품의 불량 발생으로, A 제품 판매에 전력을 다하고 있다.

  - Why 3: 경쟁사의 현재 문제점은 무엇일까?

    ⇨ A 제품의 판매를 늘리기 위해 당사 제품보다 저가로 판매하고 있다.

  - Why 4: 당사의 대응 전략은?

    ⇨ 우리의 주력제품은 B다. 당사 A 제품의 판가를 더욱 낮추면, 경쟁사는 추가 가격 인하로 이익률이 낮아진다. 그리고, 경쟁사는 낮은 이익으로 A, B 제품의 사업 경쟁력이 약해져서 조만간 시장에서 물러날 수 있다.

  - Why 5: 당사가 당장 실행할 수 있는 계획은?

    ⇨ 1. B 제품 생산과 마케팅에 집중해서 당사의 판매와 이익률을 높이자.

        2. A 제품의 판가를 10% 더 낮추고, 생산량을 최소 대응 물량까지 줄인다.

만일 보고해야 할 이슈가 제품의 품질문제라고 하더라도, 표면적으로 보이는 것과 실제 원인은 다를 수 있습니다. 숨어 있는 진짜 원인을 찾아서 발표하고, 필요한 자원을 모으고 해결할 수 있는 사람을 기업에서는 절대적으로 필요로 합니다. 리더들도 이런 사람을 듬직하게 믿고 아낍니다.

2. 이상치, 변곡점, 추세의 진정한 의미를 찾아 설명한다.
데이터를 그래프로 그리거나, 테이블로 만들었을 때 눈에 띄는 특이점이 있거나, 추세가 갑자기 변하는 변곡점이 보일 때가 있습니다. 이때 주의 깊게 보지 않으면, 그 변곡점을 그냥 지나치기 쉽습니다.

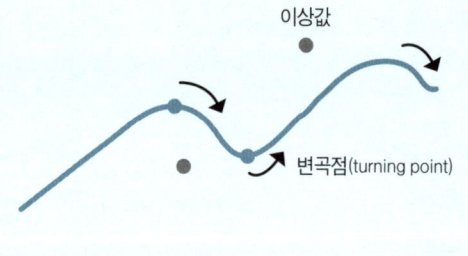

그림 1-2

이상 값과 변곡점에는 항상 어떤 스토리가 담겨 있습니다. 그 스토리는 주요한 문제의 원인이나 해결점 혹은 새로운 트렌드의 시작을 알리는 순간이 될 수 있습니다. 특이점이나 변곡점이 보이면, 그냥 지나치지 않고 항상 숨은 의미를 찾는 습관을 들여야 합니다. 통찰력이 있는 사람들은 일상에서도 이런 특정치, 변곡점의 숨은 의미를 읽으려는 자세가 몸에 배어 있습니다.

　발표자는 이처럼 놓치기 쉬운 이상한 현상 또는 중요한 상승과 하락 추세를 보고, 그 이유와 전망을 찾아 발표자의 주장으로 슬라이드에 담아내야 합니다.

CHAPTER 2

리더를 몰라서!
리더의 특성을 알면 프레젠테이션이 더 쉬워진다

☑ 수시로 딴생각에 빠져든다

'김 차장이 열심히 프레젠테이션하고 있는데, 이 팀장은 멍하니 허공을 보며 다른 생각을 하는 듯하다. 김 차장은 발표할 때 리더의 반응을 잘 보지 않는 관계로 전혀 눈치채지 못하고, 변함없이 지루한 목소리로 다음 장, 다음 장을 넘겨 가며 열심히 발표를 진행한다.

이제 막 발표를 마치려고 마무리를 하는데, 의사결정이 필요한 부분에 대해서 팀장이 다시 설명해 달라고 요청한다. 이미 5분 전에 발표했던 내용이다. 김 차장은 어쩔 수 없이 맥 빠진 발표를 다시 시작한다.'

커뮤니케이션은 하고 싶은 말을 상대에게 일방적으로 전달하는 것으로 끝이 아닙니다. 이야기가 끝날 때까지 상대가 경청하고, 내용을 올바르게 이해해야 커뮤니케이션은 완성됩니다. 말하는 사람은 열심히 이야기를 하나, 듣는 사람은 대충 듣는 때가 많습니다. 프레젠테이션하고 있을 때도 리더는 잠깐, 잠깐 다른 생각을 하고 있을 가능성이 아주 큽니다.

전략회의 등을 할 때 많은 발표자가 리더가 딴생각하거나 지루해하는 상황을 크게 개의치 않고, 자신의 발표에만 몰입해서 진도만 열심히 나갑니다. 이럴수록 프레젠테이션 작성과 발표를 위한 엄청난 준비 시간이 무위로 끝날 가능성이 커집니다. 가치 있는 많은 내용이 아무런 기여 없이 허공으로 날아가 버립니다.

발표 끝까지 집중해야 하나, 사람들은 여러 가지 이유로 오랜 시간 집중해서 듣는 것이 불가능합니다. 잠깐씩 딴생각을 하거나, 또는 듣는 척하면서 고개만 끄덕이기 쉽습니다. 이것은 사람들이 조절하기 어려운 본능적인 정신 현상입니다.

사람들이 일반적으로 말하는 속도는 분당 150~250단어인데 반해, 뇌의 처리 속도는 분당 400~800단어입니다. 발표자가 리더의 관심을 지속해서 끌어내지 못한다면, 리더는 순간순간 발표에 집중하지 못하고 끊임없이 다른 생각을 합니다. 신경학자 마커스 라이클은 우리의 마음은 어딘가에 집중하지 않을 때, 컴퓨터의 화면 보호기 같이 자동으로 배회하면서 마음의 휴식을 한다고 합니다.[2] 마치, 깨어 있는 상태에서의 꿈과 같은 역할입니다.

---

[2] Marcus E. Raichle et al. (2001). A default mode of brain function. PNAS Jan. 16, 98(2), 676

또한, 사람들은 나이가 들어가면서 자신이 좋아하는 것, 듣고 싶어 하는 것만 무의식적으로 선택해서 듣도록 뇌를 강화하고 있습니다. 발표 내용이 자신의 관심사와 조금이라도 멀어지거나 지루하게 느껴져도 딴생각에 저절로 빠져듭니다. 그러므로 리더가 발표 시간 동안 딴생각에 빠져드는 것을 최소화하도록 작성부터 발표까지 다양한 방법을 사용해야 합니다.

발표할 때는 특히 다음의 2가지가 중요합니다. 첫째, 하나의 주제를 필요 이상으로 길게 이야기하지 않습니다. 하나의 주제에 관한 이야기는 대략 2분 30초 이내에 끝내는 게 좋습니다.

둘째, 전체 발표 시간은 가능하다면 20분 이내가 좋습니다. 사람들이 프레젠테이션에 집중할 수 있는 시간은 약 20분입니다. TED나 '세상을 바꾸는 시간' 등의 강연 프로그램의 권장 시간이 18분에서 20분인 것도 이러한 점을 고려해서 결정된 것입니다. 가능하다면 업무 프레젠테이션도 20분을 넘지 않게 하는 것이 청중의 집중력을 유지하기에 가장 효과적입니다. 40분간의 발표라면 여건이 허락하는 한, 20분 단위로 끊어서 중간에 주제의 전환, 스토리 또는 동영상 등으로 전환점을 한 번 갖는 것도 권장합니다.

마음의 자동적인 배회 현상과 더불어 알아야 할 또 하나의 특성은 '주목맹시'Attentional Blindness입니다. 사람들이 무엇인가를 보거나 듣더라도 그것에 주의를 기울이지 않으면 아무것도 인식할 수 없는 현상을 말합니다.[3]

---

3 미국 웨스턴워싱턴대 심리학 이라 하이만 교수팀

사람들이 유리창으로 창밖을 보는 것 같지만, 실은 특정한 것을 보려는 의지가 없으면 아무것도 보지 못하고 생각에 잠겨 있을 가능성이 큽니다. 그러나 유리에 비친 자신의 희미한 모습을 보려고 주목하면, 창밖의 경치는 안 보이고 자신의 희미한 모습만 보는 현상과 같습니다. 즉, 관심을 두지 않으면 보지 못하고, 관심을 두고 주목하는 것만 보고 듣게 되는 현상을 뜻합니다.

 현장 Q&A

Q 핵심 참석자가 중요한 부분에서 다른 생각을 하는 것 같습니다. 어떻게 나의 발표에 집중하게 만들 수 있을까요?

A 핵심 주장의 내용은 슬라이드를 작성할 때부터 밑줄, 굵은 체Bold 또는 붉은 색 등으로 강조를 하고, 발표할 때에는 목소리에 변화를 주어 강하게 말합니다. 특히, 다음과 같이 자신의 주장에서의 장점Benefit, 차이점Difference, 중요점Importance을 강하게 이야기하면 리더는 발표 내용에 더욱 주목하게 됩니다.

발표자의 주장에 더 좋은 장점이 있다고 이야기한다.
- "현재 우리가 사용하는 A는 안정성에 문제가 있습니다. 지금부터 보여드릴 B는 A보다 안정성이 30% 더 뛰어납니다."

주장이 현재와는 확실하게 다른 것임을 강조한다.
- "이제부터 기존 안 대비, 왜 탁월한지를 말씀드리겠습니다."

중요한 내용임을 밝힌다.
- "다음에 보여드릴 내용은 한 달 내에 생산성을 25% 올릴 수 있는 방법입니다."

그리고, 다음과 같이 상황에 따라서 적합하게 참석자와 리더의 주목을 끌어내는 '주목언어'를 먼저 사용하고, 자신의 핵심 주장을 이어 나가는 것도 좋은 방법입니다.

"지금부터 발표하는 내용이 중요한 핵심입니다."
"이 내용을 놓치면 후회하십니다."
"이제 중요한 부분이니, 잘 들으셔야 합니다."

프레젠테이션 현장에서도 주목맹시 효과가 딴생각에 빠져드는 효과와 같이 자주 발생합니다. 이런 부작용 없이 리더가 발표자의 중요한 주장에 집중하게 만들기 위해서는 발표에 변화를 만들어야 합니다. 중요한 메시지 부분에서는 목소리의 톤이나 말하는 속도에 변화를 주는 방법으로 강조를 해서 리더의 주목을 의도적으로 끌어냅니다. 김 차장의 발표 사례로 예를 들면, 반드시 팀장이 주의 깊게 들어야 하는 부분에서는 "지금부터 발표하는 내용은 중요합니다. 지침을 주시면 감사하겠습니다!"라고 다른 부분보다 톤을 조금 높여서 이야기하면 효과적입니다.

☑ 마음대로 생각하고, 멋대로 해석한다

'용어에 대한 오해로 수억 원의 판매 손실이 발생해서 책임자에 대한 문책 이야기가 발생했던 대형 판매 사고가 있었다.

이는 주재원 회의에서 있었던 일이다. 향후 3개월간 영국에서 예상 판매량이 전혀 없는 정상 제품의 재고를 다른 법인에서 판매할 수 있도록 Free Stock(비 수주 재고) 리스트를 만들어 주재원들과 공유했다. 그런데, 아시아 법인 담당자가 무의식적으로 Free Stock을 자신에게 익숙한 Obsolete Stock(불용재고)으로 판단하고, 원가 이하로 팔았다.

이 막대한 손실 거래의 책임자로 내가 지목되기도 했지만, 결국은 아시아 주재원의 착각에서 비롯된 것으로 확인되었다. 담당자는 사고 경위서를 작성하고, 내게 사과를 하며 일단락된 조금 아픈 기억이다.'

이야기하는 사람이 A라고 하는 것을, 듣는 사람이 B나 C로, 혹은 a로 이해할 수 있습니다. 듣는 사람의 지식, 선입견, 문화적 배경 등이 말하는 사람의 것과 크게 다를 경우 발생하기 쉬운 일입니다. 표현의 차이와 이해의 차이에서 비롯되는 자연스러운 사고 현상입니다.

이런 사고 현상과 관련해서, 인간의 사고 본능인 '휴리스틱Heuristic 사고'에 대해 깊게 이해할 필요가 있습니다. 사람은 유아에서 성인으로 성장해 가면서 점점 더 외부에서 오감을 통해 들어오는 다양한 정보를 있는 그대로 인식하지 못합니다. 자신의 경험과 지식에 의해 자동으로 왜곡하거나, 부분적으로 편집하는 자동사고가 발생합니다.

뇌의 에너지 사용을 최소화하기 위해, 우리의 뇌는 성인이 되어 가면서 점점 더 '휴리스틱 사고'의 특성을 강화합니다. 즉, 경험과 편견 또는 현재의 감정 상태에 따라서 외부정보를 자동으로 편집해서 부분적으로 받아들이고, 그 정보로 생각하고 판단합니다. '휴리스틱 사고'는 인간의 생존을 지원하기 위한 본능적인 사고 특성이지만, 이로 인해 사람 간의 정확한 커뮤니케이션에는 큰 장애가 되기도 합니다.

성공적인 발표를 위해서는 '휴리스틱 사고'에서 발생하는 단점을 최소화하도록 생각하며 작성하고 발표해야 합니다. 앞의 사례에서는 'Free Stock'이라는 단순한 용어를 사용하는 것보다는 좀 더 구체적으로 'Free Stock-정상재고'라고 표기했다면 오해를 막았을 것입니다.

내가 정확히 이야기했다고, 사람들이 그대로 이해했을 것이라고 쉽게 생각하지 말아야 합니다. 발생할 수 있는 모든 가능성을 사전에 대응하는 것은 불가능하겠지만 우선, 모든 사람에게 명확한 의미를 주는 공용화된 단어를 선택해야 합니다. 또는 자세한 설명, 명확한 도형의 사용으로 오해를 줄일 수 있는 제일 나은 방법을 찾아서 사용합니다.

☑ 리더라고 모두 다 알 수 없다!

사람들은 자신이 무엇인가에 대해 많이 알고 있으면, 남들도 그것을 쉽게 알 것으로 생각하는 성향이 있습니다. 발표자는 자신이 매일 사용하는 특수 용어를 별생각 없이 사용해서 발표하고, 리더는 정확하게 이해하지 못하는 때가 자주 발생합니다. 생존 본능에서 발현하는 자동사고 특성인 휴리스틱 사고 특성 중의 하나로 프레젠테이션에서 많이 발생할 수 있는 커뮤니케이션 장애 요소입니다.

스탠퍼드 대학에서 관련 실험[4]을 했습니다. 실험에 참여한 사람들을 두들기는 사람tapper들과 듣는 사람listener들의 두 그룹으로 나누었습니다. 두들기는 사람들에게 생일 축하 노래처럼 어려서부터 자주 부르는 쉽고 익숙한 노래들을 박자에 맞추어 책상을 두들기게 했습니다. 듣는 사람들에게는 두드리는 소리만 듣고, 곡들의 제목을 맞히게 했습니다. 120곡으로 이 실험을 했는데, 듣는 사람들이 몇 곡의 제목을 맞혔을까요? 강의 중에 교육생들에게 물어보면 대개 50~70% 맞힐 거라고 대답합니다. 이 실험에서도 두들기는 사람들에게 듣는 사람들은 몇 퍼센트의

---

[4] "Overconfidence in the Communication of Interest: Heard and Unheard Melodies" 스탠퍼드 대학, 1990

곡을 맞힐 것으로 생각하는지 물어보니, 약 60% 정도는 맞힐 거라고 대답했습니다. 아마도, 여러분들의 생각과 비슷할 것입니다. 그러나 실제 실험 결과는 이보단 훨씬 낮은 2.5%, 즉 3곡만 맞혔습니다. 두 그룹 간의 예측과 결과의 차이가 너무 크지 않은가요? 두드리는 사람들은 자신이 아는 쉬운 노래이므로 듣는 사람들 역시 두드리는 소리만 들어도 아주 쉽게 제목을 맞힐 것으로 판단했던 것입니다.

이 실험과 같이, 발표할 때 어떤 내용을 아주 짧고 간단하게 설명하거나, 특수한 어휘를 추가 설명 없이 자연스럽게 사용할 수 있습니다. 이러한 현상을 '지식의 저주'라고 합니다. 우리 속담의 '아는 것이 병이다.'와 일맥상통하는 말이지요.

특히, 기업에서는 자신이 근무하는 팀이나 업무에서만 주로 사용하는 용어들이 많습니다. 이런 용어들은 관련된 사람들에게는 명확한 의미와 이미지를 전달하므로 자세한 설명이 필요 없이 경제적이고 명확합니다. 신입 때부터 배우고, 평소 입에 달고 살았던 용어와 개념들이라 발표 중에 자연스럽게 다른 사람들에게도 이런 특수 용어를 자주 사용합니다. 그러나 이런 어휘들은 타인들에게는 아무런 의미를 주지 못하거나, 의도와는 다르게 이해되어 크고 작은 문제를 만들기도 합니다.

회사의 최고 경영자를 모시고 발표하는 자리에서 한 임원이 이런 어렵고 복잡한 용어를 마구 써서 자신의 유식함을 자랑하듯이 발표를 했다가, 오히려 능력 없는 사람으로 낙인이 찍혔다는 후문도 있습니다.

여러분의 프레젠테이션에서 지식의 저주로 나타날 수 있는 현상들을 생각해 보겠습니다. 첫 번째는 자신의 소속에서만 익숙한 특수 용어나 약어의 사용입니다. 둘째는 발표 내용의 난이도를 리더에 맞추지 않고, 이해하기 어렵게 발표하는 것입니다.

　이 두 가지 문제에 대한 해결책은 다음과 같습니다. 특수 용어, 약어를 발표 자료에 사용할 때는 첫 번째 슬라이드에 주석으로 자세한 설명을 합니다. 발표할 때는 먼저, 이 주석에 대한 설명을 통해 그 용어의 뜻을 정확하게 이해시켜야 합니다.

　난이도는 고등학생도 이해할 수 있는 수준으로 최대한 쉽고, 간단명료하게 작성합니다. 즉, 작성할 때부터 리더의 관점에서 리더가 이해할 수 있도록 난이도를 조정하고, 리더 중심으로 발표를 합니다.

CHAPTER 3

"리더의 YES를 부르는 콘텐츠를 몰라서!
리더 맞춤으로 설득한다 "

☑ 리더의 특성과 관심사 파악이 먼저다

'나의 상사 중에는 품질관리 부서에서 10년 이상 있다가 수출 부서장으로 이동을 한 분이 있었다. 신임 상사의 다양한 자료에 대한 요구사항은 그동안 우리가 해왔던 익숙한 방식과는 크게 달랐다. 품질관리에서 사용했던 데이터에 근거한 분석과 예측 방식을 전략 수립과 보고서 작성에도 사용하고자 했다. 그 당시 수출부서 사람들에게는 생소한 방법이어서 계속해서 갈등이 발생했다.

결국은 우리는 예전의 방식을 버렸다. 신임 부장이 원하는 대로 데이터로 분석한 예측 자료로 전략 수립과 자료 작성 업무를 진행했다.'

자료를 만들거나 발표를 할 때 가장 먼저 자료의 목적을 명확히 한 후

다음으로 중요한 것은 리더의 특성과 관심사를 잘 이해하는 것입니다. 리더의 개별적인 특성은 업무 경력이나 성격 등의 차이로 선호하는 스타일이 각각 다릅니다. 리더가 선호하는 방식을 사전에 파악해서 자료를 작성하고, 발표할 때에도 적절하게 대응하는 것이 유리합니다.

일반적으로 리더의 업무, 직책, 경험, 성별 등에 따라 사고하는 방법이나 중요시하는 것이 다릅니다. 모든 참석자의 취향을 알고 대응하는 것은 불가능하겠지만, 최소한 핵심 리더가 선호하는 업무 스타일을 한 번 더 생각해 보고, 자료를 만들어 발표한다면 성공 확률을 높일 수 있습니다.

중간 관리자들은 가능하면 자신의 부서에 유리하게 내용을 만들려고 합니다. 그래서 리더의 관점에 맞게 끊임없이 수정해야 한다고 생각합니다.

최고 관리자들은 너무 많은 내용을 싫어하고, 발표 중간에 "결론만 이야기하세요!"라며 성급하게 발표자를 재촉하기도 합니다.

우리는 어쩔 수 없이 직책과 성향에 따른 차이를 이해하고, 자신의 노력이 헛되지 않도록 대상에 최적화하는 것에도 익숙해져야 합니다.

자료를 대상에 최적화하기 위해서는 이번 발표의 핵심 관계자로서의 참석자는 누구인가? 이 프로젝트의 표면적 리더와 실질적 리더는 누구인가를 확인한 다음에 대응합니다.

또한, 발표 자료의 중간 점검을 단계별로 거치면서 각 리더의 특성에 따라서 수많은 수정이 일어나기도 합니다. 이런 사실을 미리 인지하고 있으면, 마음 관리나 사전 대비에 많은 도움이 됩니다.

    그러나 객관적으로 옳게 작성한 것이라면, 상사의 요구를 무조건 따르는 것보다는 합리적으로 이해시키고 설득하는 것도 좋은 방법입니다. 올바르게 설득하려면, 이 책의 주요 내용을 가지고 리더에게 명확하게 설명할 수 있어야 합니다.

 실전 TIP

리더 사이에서의 갈등상황, 이렇게!

담당자들이 자료 작성 중에 가장 어려운 상황에 빠지는 때가 있습니다. 예를 들면, 자료 작성 담당자가 특정 프로젝트의 매니저입니다. 프로젝트 매니저가 직속 상사인 부장과 그 위의 상사인 프로젝트 챔피언(또는, 비공식 챔피언)인 임원과의 사이에서 갈등을 겪습니다. 일반화시키기는 어렵지만, 경험에서 나온 좋은 방법을 공유해 보겠습니다. 참조하시고 상황에 맞게 합리적으로 응용하시기 바랍니다.

조직의 위계를 따른다면, 담당자는 부장과 먼저 검토를 하고 수정을 합니다. 문제는 부장의 수정 지침이 임원의 관점으로는 옳지 않다고 느껴질 때입니다. 담당자가 올바르게 느낀 상황이라면, 대개 예상을 크게 빗나가지 않습니다. 직속 상사의 지시를 그대로 따랐지만, 담당자는 임원에게 질책을 받거나 무능한 것으로 보일 수 있는 상황이 발생합니다.

직장에서 위계질서를 지키는 것은 중요하지만, 고지식하게 지키기만 하면 그 결과가 결국은 담당자의 책임으로 돌아오는 상황이 발생하기도 합니다. 이런 상황이 예상되면, 당당하게(그러나 조용히) 프로젝트 매니저로서 우선 임원과 검토하는 것이 좋습니다. 그리고는 직속 상사인 부장에게 검토 결과를 바로 보고하는 것이 합리적입니다.

☑ 고위 경영자 대상, 간결하게 핵심부터

'평소 회의를 진행하면, 항상 그래프를 그리며 중장기 추세를 설명하고 전략을 이야기하던 부사장이 있었다. 그분을 모시고 전략회의를 하는 자리에서 김 부장이 발표했다. 김 부장은 중요한 회의라 최선을 다해 열심히 발표해나갔다. 그러나 부사장은 김 부장의 발표가 영 탐탁지 않은 표정을 보이기 시작했다. 결국은 "부장이나 돼서, 발표하는 게 왜 이렇게 중언부언 말이 많고, 핵심이 없습니까?" "시간 아까우니 그만 해요!"라고 지시했다.

다른 사례는 특별 프로젝트 추진에 대한 사장의 승인을 받기 위해 보고하는 회의에서 있었던 일이다. 김 상무는 90쪽에 달하는 프레젠테이션을 발표할 계획이었다. 그런데 15쪽을 발표하고 있을 때, 사장께서 말씀하셨다. "그래서 주장하는 것이 무엇입니까?" 이 질문에 김 상무는 잠시 머뭇거리다 뒷부분에 있는 슬라이드에서 관련 내용을 찾아 주장과 결론을 발표했다. 핵심 주장에 대한 발표를 이렇게 마친 김 상무의 다음 발표는 뒤죽박죽 엉망이 되었다. 어쩔 수 없이 대충 마무리해서 끝내 버렸다.'

고위 경영자들은 경험도, 아는 것도 많은데 몸과 마음은 바빠서 발표자가 미주알고주알 작고 세심하게 보고하는 스타일을 싫어하는 경향을 보입니다. 그러므로 이들에게 보고할 때는 다음 네 가지를 염두에 둔 채 자료를 작성하고 발표하는 게 좋습니다.

첫째, 핵심 주장 또는 결론부터 간결하게 이야기합니다. 그리고 주장에 대한 이유와 근거/방법은 뒤에서 보여줍니다. 단, 결론/주장부터 발표한다고 하더라도 중요하지 않은 문제에 대해 세세한 발표를 싫어하므로 좀 더 전략적이고, 큰 방향, 중장기적인 추세를 이야기하면서 주장을 펼치는 것이 더욱 효과적입니다. 물론, 사람에 따라 다른 것도 사실이기는 합니다.

둘째, 리더 대부분이 자부심이 넘치고 독단적인 사람으로 보일 만큼 자기주장이 강해 설득이 어려울 수 있다는 점을 염두에 두고 발표합니다. 그래서 쟁점이 될 만한 내용에서는 그들보다 전문가가 되어야 합니다. 즉, 자신의 주장에 대해 이유를 명확히 해야 하고, 신뢰도가 높은 근거 데이터를 최소 3개 이상 준비합니다.

셋째, 발표 중 갑자기 질문이 들어오지 않도록 발표 초반에 제한을 둡니다. 예를 들어 "먼저, 핵심 요약을 약 5분 동안 설명해 드리고, 자세한 이유와 근거를 약 20분에 걸쳐 뒤에서 설명하겠습니다." 그리고, 여건이 허락한다면 "질문은 시간 관계상 발표가 끝나고 받을 예정입니다!"라고 합니다.

넷째, 상황에 따라서는 핵심 요약Executive Summary을 만들고, 이것 위주로 발표합니다. 나머지 내용은 부록Appendix화하고, 필요할 때 부분적으로 선택해서 사용합니다.

고위 경영자 앞에서 발표하게 되면, 더욱 많이 부담스럽습니다. 이번에는 마음의 부담을 줄이는 다섯 가지 방법을 이야기해 보겠습니다.

첫째, 어려워하면 더 어려워지는 것이 인간관계입니다. 일단은 그들 앞에서 담대해지도록 평소에 이미지 트레이닝을 합니다. 즉, 이들도 길거리에서 보면 동네 아저씨, 아줌마처럼 친근한 보통 사람들과 크게 다르지 않다고 의도적으로 생각합니다. 평소 이런 생각을 자주 하면서 감정적 거리를 줄입니다.

둘째, 평상시 잠깐 스치는 상황에서 피하지 말고, 적극적으로 밝게 인사를 합니다. 그렇게 서로 웃는 얼굴을 몇 번 마주한 사이라면, 발표 자리에서 훨씬 편안해집니다.

셋째, 상황이 되면 피하지 말고, 대화(스몰토크)할 수 있는 기회를 만드는 것이 중요합니다. 대화를 몇 번 해보면, 부담스러운 사람은 의외로 많지 않습니다. 스몰토크는 어색한 사람과 친구가 되는 가장 쉽고 좋은 방법입니다.

넷째, 친근한 이미지나 관계가 형성이 안 됐다면, 고위 경영자 앞에서 발표하는 이미지 트레이닝을 하며 리허설을 많이 합니다. 리허설은 횟수에 비례해서 자신감을 상승시킵니다.

다섯째, 고위 경영자 앞에서의 중요한 발표를 앞두고 있다면, P48의 '리더의 관점으로 분석하고 대응하는 'KEH 분석 프레임'을 실시합니다. KEH 분석을 통해 고위 경영자의 질문, 기대사항 등을 반영한 자료를 만듭니다. 그리고 그들 관점에서 다양한 질문을 예상해 보고, 적절한 답을 빠짐없이 준비합니다.

현장 Q&A

Q 참석한 리더들의 특성이 다 다른데.. 도대체 누구에게 초점을 맞춰야 하나요?

A 다양한 부서의 리더들이 참석하는 발표가 자주 있습니다. 이런 상황에서는 특정인에게 초점을 맞추어 작성하고 발표하는 것은 큰 의미가 없습니다. 단, 그 자리의 실질적인 챔피언Champion을 중심으로 발표의 강도와 방법Tone & Manner을 맞춥니다. 그 챔피언이 고위 경영자라면 P44의 '고위 경영자 대상, 간결하게 핵심부터'의 내용을 참조합니다.

인정받는 심화 스킬

리더의 관점으로 분석하고 대응하는 'KEH 분석 프레임'

리더의 니즈Needs와 원츠Wants를 작성자의 관점이 아니라, 리더의 관점으로 찾아보는 법을 알아보겠습니다. 니즈는 드러난 필요이고, 원츠는 표현되지 않은 욕구입니다. 비유로 설명하면 리더가 배가 고픈 것은 니즈고, 무엇을 먹고 싶어 하는지는 원츠라고 표현합니다. 원츠는 리더가 아직 표현하지 않은 메뉴일 수도 있고, 우리가 맛있다고 설득해서 선택하게 만들 수도 있는 특성이 있습니다. 지금부터는 니즈와 원츠를 합쳐서 '요구Requirements'라고 이야기하겠습니다.

리더의 요구사항을 찾는 분석을 활용하면, '시작이 반!'이라고 어떠한 기획서나 보고서라도 50% 이상의 내용을 바로 작성할 수 있습니다. 효과적인 학습을 위해 두 부분으로 나누고, 여기서는 원리 위주로 설명합니다. 원리를 적용한 문서 작성은 학습한 내용을 종합해서 P146의 '사례로 실습하는 업무 프레젠테이션 기획과 작성'에서 학습할 계획입니다.

사람들은 자신에게 의미 있는 내용이 아니라면 금방 관심을 잃습니다. 그러므로 발표자의 생각이 아니라, 리더가 중요하게 생각하는 것을 알아야 합니다. 리더의 특정 사안에 대한 요구를 미리 파악해서 그것을 주장합니다. 그리고 적합한 이유와 근거를 찾아서 이해시키는 것이 가장 효과적인 설득 방법입니다.

그림 1-3 대상의 Need와 Wants를 찾아 이를 만족시키고, 의도대로 설득함

사람들은 대개 자신이 생각하는 가장 의미 있는 선물을 상대에게 줍니다. 이렇게 고른 선물은 상대가 진정으로 좋아할 가능성이 그렇게 크지 않습니다. 나에게 의미 있는 것을 똑같이 의미 있게 생각하지 않기 때문입니다. 내가 감동한 책을 상대에게 선물하는 것은 의미는 있으나, 상대가(겉으로는 좋아하는 척을 할 수는 있어도) 진심으로 좋아하지 않을 수 있습니다.

상대가 공감하면서 만족하게 하려면, 쉽지 않지만 상대의 마음속에 들어갔다 나와야 합니다. 책보다 꽃을 더욱 의미 있게 생각한다는 것을 알았다면, 꽃을 선물해야 합니다. 선물은 내가 줘서 기쁜 것보다는, 상대가 받아서 진정으로 기뻐해야 의미가 커집니다.

상대의 관점에서 요구를 판단하는 것은 중요하지만 쉬운 일이 아닙니다. 상대의 요구를 상대의 관점에서 비교적 쉽게 생각할 수 있도록 KEH^{Known, Expected, Hidden} 분석 프레임을 만들었습니다.

1. KEH 분석 프레임의 3가지 중요 관점

   1) Known Factors(간단한 브레인스토밍, 인터뷰 등으로 쉽게 확인 가능)

   - 리더의 특정 사안에 대한 궁금증, 선입견, 걱정, 두려움, 불안감

   2) Expected Factors(간단한 브레인스토밍, 인터뷰 등으로 쉽게 확인 가능)

   - 리더의 특정 사안에 대한 니즈, 기대, 희망, ROI[5]

   3) Hidden Factors(창의적 통찰, 비판적 사고, 심층 조사 등으로 확인 가능)

   - 리더의 특정 사안에 대한 원츠, 감춰진 꿈/희망

   - 잘 드러나지 않는 위험요소, 장애

   - 문제/과제/프로젝트의 숨어 있는 책임자 Hidden Project Champion

   - 겉으로 드러나지 않은 의사결정자 Hidden Decision Maker

Known Factors, Expected Factors는 사람들이 특정 사안에 대해 쉽게 떠올릴 수 있는 것들이므로 대개 브레인스토밍을 하면 어렵지 않게 정리할 수 있습니다.

그러나 Hidden Factors는 일반적으로 잘 드러나지 않기 때문에 선입견, 편견을 배제한 창의적 통찰사고, 비판적 사고를 해야 어렵게 찾을 수

---

[5] ROI : Return On Input (투입대비 산출)

있습니다. 마케팅 조사와 같은 심층 질문을 통해서 찾을 수도 있습니다. 생각의 깊이를 표면적인 것에서 한 단계 더 파고들어서 미처 생각하지 못한 의외의 것들을 찾아야 합니다.

기업은 시장조사를 기반으로 소비자의 Known Factors, Expected Factors, Hidden Factors를 찾아서 제품을 만듭니다. 그리고 소비자들에게 그 제품에 대한 니즈와 원츠를 알려주기 위해 다양한 노력을 하고 있습니다. 소비자는 특정 제품이 자신에게 왜 필요한지 모르고 있는데, 광고로 그 제품이 당신에게 꼭 필요하다고 알려 주며 사라고 설득합니다. B2C 마케팅의 주된 활동은 RTB(Reason to buy, 제품을 사야 할 이유)를 찾아 제품에 담아서 고객에게 알려주고 설득해서 제품을 사게 만드는 것입니다.

KEH 분석 프레임을 활용해서 간단하게 분석하고 대책을 세우면 상대를 위한 좋은 선물RTB을 고를 수 있습니다. 또한, 마케팅, 프레젠테이션 자료 작성에도 효과적으로 사용할 수 있습니다. 한계는 있지만, 대상의 요구를 인터뷰 없이 대상의 관점에서 예측할 수 있어서 효과적입니다.

프레젠테이션 현장에서도 리더 스스로 무엇이 필요한지, 무엇이 올바른 결정인지 확실하게 모를 때가 있습니다. 발표자는 리더나 조직에 필요한 것을 찾아서 알려주고, 이를 받아들이도록 설득하는 능력이 중요합니다.

발표할 때 리더가 좋아할 만한 RTB를 찾아서 제공할 수 있다면, 이해는 물론이고 설득이 쉬워집니다. 적절한 Hidden Factors는 중요하지만 찾기가 어렵습니다. 찾아낼 수만 있다면 설득에는 절대적인 영향을 줍니다. 주요 사안에 대한 Hidden Factors를 확실하게 찾기 위해서는, 첫째, 리더의 관점에서 한 단계 더 깊게 사고합니다. 둘째, 가능하다면 직접 인터뷰를 진행합니다. 이런 노력으로 기획 단계에서 놓칠 수 있는 리더의 중요한 요구를 찾아냅니다. 그리고 요구를 충족시키는 결론/주장이나 이유, 근거/방법을 효과적으로 수립합니다.

아래 내용은 대표적인 Known Factors, Expected Factors, Hidden Factors를 반영한 기업 리더들의 요구 체크 리스트입니다. '제안/설득' 목적의 프레젠테이션 기획 시 활용해 봅시다! 리더의 다양한 예상 질문을 리더의 관점에서 생각해 보고, 적절한 답을 빠짐없이 준비할 수 있습니다.

2. 특정 안건에 대해 리더가 가질 수 있는 다양한 요구

1) Known Factors

- 신뢰할 수 있나?
- 반드시 해야 하나? 차이점, 장점은 무엇인가?
- 긴급한가? 나중에 해도 되는 것 아닌가?
- 안전한가? 위험요소는 없는가?
- 어떤 효과가 있을 것인가? 지속성은 있을까?
- 현재 상태(As-Is)와 향후 상태(To-Be)의 차이는 무엇인가?
- 경쟁사는 어떻게 하고 있지? 어떻게 하면 더 잘할 수 있나?
- 필요한 협력과 지원은 충분히 받을 수 있나?

- 기타 그 안건에 대한 리더의 궁금증, 선입견 또는 발표자에게 확인하고 싶어 할 점들에 대한 요구를 누락MECE6이 발생하지 않도록 브레인스토밍 등으로 꼼꼼히 찾아본다.

2) Expected Factors

- 제안대로 해서 많이 좋아졌으면 좋겠다!
- 제안대로 반드시 효과가 발생하면 좋겠다!
- 나의 상사/팀원들이 이 제안을 좋아했으면 좋겠다!
- 회사/팀/개인의 발전에 반드시 도움이 되면 좋겠다!
- 기타 그 안건에 대해 리더가 원하는 것을 누락(MECE)이 없도록 찾아본다.

3) Hidden Factors

- 리더가 진정으로 원하는 것은 무엇일까?
- 우리가 미처 생각하지 못한 장점/문제점은 무엇일까?
- 우리가 잘 알지 못하는 추가적인 문제/리스크는 무엇일까?
- 이 안의 실질적 의사결정자는 누구인가? 그는 이 주장을 좋아할 것인가?
- 이 안의 추진은 최종 의사 결정자에게 유익할까?
- 이 안의 실현에 있어서 숨은 저항 요소는 무엇인가?
- 이 안의 성공적 추진을 도와줄 사람은 누구인가?
- 주장/아이디어의 실현으로 회사가 리더의 성과를 인정하거나 리더의 승진에 도움이 될까?

---

6 Mutually Exclusive & Collectively Exhaustive, P114 내용 참조

- 기타 안건 승인이나 설득을 위한 리더의 드러나지 않은 요구를 누락(MECE)이 없도록 찾아본다.

제안/설득의 프레젠테이션 자료를 작성할 때, 간단한 사안이라면 우리 머릿속에서 KEH 분석과 비슷한 과정을 거치게 됩니다. KEH 분석을 안 해도 중요한 요구를 모두 찾을 수 있습니다. 그러나 사안이 복잡하고 이해 관계자가 많은 문제는 KEH 분석을 통해 다음과 같은 단계로 분석하고 발표 자료를 만들어야 합니다.

3. KEH 분석의 단계별 활용 방법과 핵심

1) 중요하고 복잡한 사안은 KEH 분석을 사용해서 여러 사람과 브레인스토밍으로 회의를 진행합니다. 중요한 요구를 모두 찾아냅니다.
2) '중요한 요구' 중에서 이해와 설득에 반드시 필요한 '핵심 요구'를 적절하게 선정합니다. 선정되지 않은 요구들은 대개 발표 중에 간단히 말로 설명하면 되는 것들입니다. 조금 더 중요한 것은 별첨으로 작성하거나 예상 질문에 대한 대응 정도로 준비합니다.
3) '핵심 요구'에 대해서는 슬라이드에 논리적으로 작성합니다. 각 핵심 요구에 대한 결론/주장을 표현하고, 적절한 이유와 근거/방법을 들어 논리적으로 간명하게 작성합니다.

※ KEH 분석 프레임을 활용한 발표 자료 작성 사례는 P146의 '사례로 실습하는 업무 프레젠테이션 기획과 작성'에서 참조할 수 있습니다.

CHAPTER 4

리더를 집중시킬 줄을 몰라서!
리더가 몰입할 수 있는 장치 요소를 만든다

☑ 리더가 들어야 하는 의미를 만들어준다

리더를 설득하려면 리더가 발표자의 주장을 명확하게 이해한 다음, 깊게 공감해야 합니다. 공감이 일어나려면 발표자의 머릿속 이미지가 리더에게도 똑같이 그려져야 합니다.

이를 위해서는 먼저 발표자의 머릿속에서 열정과 확신의 그림이 그려지고, 이것이 리더의 몰입감을 끌어올려 리더의 머릿속 미러뉴런Mirror Neuron을 작동하게 만들어야 합니다. 즉, 리더가 발표자와 거의 같은 것을 보며, 같은 감정을 갖도록 만들어야 좋은 공감을 불러일으킬 수 있습니다. 공감을 불러일으키기 위해서는 이성과 감성의 차이를 잘 이해해야 합니다.

먼저, 프레젠테이션 발표와 관련해서 마음속 감정의 힘을 이해하고,

이 힘을 어떻게 활용하는 것이 우리의 발표에 도움이 되는지 함께 생각해 보겠습니다.

"지금 짜장면, 짬뽕 중에 무엇을 먹고 싶습니까?"라고 묻겠습니다. 자, 여러분은 어떤 결정을 했나요? 무언가를 결정했다면, 그 결정은 여러분의 의지에 의한 것일까요? 아니면 감정에 의한 것일까요?

뇌 과학자들에 따르면, 이런 질문을 받는 순간 뇌에서는 특정한 것을 좋아하는 감정이 아주 빠르게 발생한다고 합니다. 그리고는 느끼지 못할 정도의 아주 짧은 순간에 의지력을 이용해서 결정한 것처럼 "난, 짜장면!" 또는, 누군가는 "난, 짬뽕!"하며 말한다는 것입니다.

인간의 감정을 다스리는 뇌의 영역은 의지력을 담당하는 뇌의 영역보다 훨씬 먼저 오랜 기간에 걸쳐 강력하고 빠르게 진화해 왔습니다. 그러므로 어떤 것에 대해 좋고 싫음의 감정은 이성보다 더욱 빠르고 강하게 판단력에 영향을 끼치게 되죠. 물론, 오랜 숙고로 이성적 결정을 내리기도 하지만 의사결정 과정에서는 감정에 따라 의사결정을 할 확률이 높다는 것입니다.

따라서 리더를 힘들고 어렵게 논리적으로 이해시킬 수도 있지만, 주장에 대해 긍정적인 감정이 먼저 생기도록 하면서 리더를 쉽게 이해시키고 설득하는 것이 더욱 좋은 전략입니다. 발표에서 리더의 긍정 감정을 끌어내려면, 내세우는 주장이 리더에게 특별한 의미가 있어야 합니다. 발표자의 주장이 리더나 조직에 주는 장점이 크다는 것을 다음과 같이 적절하게 표현해 봅시다!

- 주장이 리더나 회사에 도움이 된다는 것을 강조하고 증명한다.

  "이번 특판 활동을 통해서 우리 회사 올해 매출목표 15% 초과달성에 기여하겠습니다."

- 리더가 평소 강조했던 점과 관련 지어 설명한다.

  "이번 안건은 평소 사장님께서 항상 강조하시던 창의·혁신에 관한 내용입니다!"

- 리더나 회사의 평판에 끼칠 좋은 영향과 연계해서 주장한다.

  "이번 프로젝트는 대통령상을 받는 것을 목표로 추진하고 있습니다."

- 긍정적인 관점으로 보일 수 있도록 기획하고 발표한다.

  "전달 판매목표는 달성하지 못했습니다. 그러나 생산목표는 10% 초과 달성했습니다."(X)

  "전달 생산목표는 10% 초과 달성했습니다. 그러나 판매목표는 아쉽게도 5% 미달입니다. 이번 달에는 초과 생산한 물량을 이용해서 판매목표 초과달성을 위해 다음과 같이 3가지 확대 판매 활동을 계획 중입니다."(O)

주의해야 할 것은 리더를 논리적으로 이해시킨 것을 공감시켰다고 생각하는 것입니다. 이해만 한 것은 절대로 공감이 아니라는 것을 확실하게 깨달아야 합니다. 공감에는 리더의 감정을 내 편으로 만드는 과정이 필요합니다.

☑ 지치지 않고 집중하도록 기획하고 발표한다

리더는 감정에 의해 결정하는 경향도 있지만, 어렵고 복잡한 주제에 내해서는 이성적으로 판단합니다. 즉, 발표자의 논리를 따라가며 이해하고, 의심하며 판단 및 동의를 합니다.

긍정 감정이 생기지 않는 복잡하고 어려운 주장 앞에서 리더를 오랫동안 집중하게 만들기란 어려운 일입니다. 리더가 집중하지 못해서 이해가 안 되면, 설득하는 것은 더더욱 어렵습니다. 그러므로 발표를 완전히 마칠 때까지 리더가 지치지 않고 집중해서 들을 수 있도록 기획해서 슬라이드를 작성하고 발표를 해야 합니다.

사람이 마음을 사용할 때는 의지력(이성)과 감정(감성)이 관여됩니다. 의지력의 사용은 감정의 사용보다 뇌에서 훨씬 많은 에너지를 사용하므로 의지력을 오랫동안 사용하면 사람들은 좀 더 빨리 지칩니다. 게임을 할 때보다 공부를 할 때 더 피곤한 것도, 교육생들이 재미없고 어려운 교육을 더 피곤해하는 것도 같은 이유입니다.

어떻게 하면 리더를 좀 더 천천히 지치게 만들 수 있을까요? 리더가 이해하고 집중하는 데 에너지를 적게 사용하도록 기획하고 발표해야 합니다. 즉, 발표가 주는 의미나 흥미 요소로 충전시킬 수 있으면 좋습니다.

편하게 끝까지 발표에 집중하도록 하려면 기획부터 발표까지 다양한 방법들을 효과적으로 잘 적용해야 합니다. 앞에서 확인했던 '주목언어', '감정자극' 그리고 뒤에서 주제별로 상세하게 다룰 '지식의 공백, 질문, 스토리텔링, 은유와 시각화'가 좋은 방법입니다.

지치지 않고 오래 집중하게 만드는 방법을 기획과 발표의 두 가지 측면으로 다음과 같이 정리했습니다. 각각에 대한 자세한 내용은 이 책의 전반에 걸쳐서 설명할 것입니다. 이것들이 효과적으로 발현되도록 기획하고 실행하는 것이 탁월한 프레젠테이션을 위한 중요한 시작점입니다.

기획/작성 측면에서 고려해야 할 점

- 의미, 중요성, 심각성을 확실하게 보여준다.
- 호기심, 관심을 지속해서 자극하는 플롯을 사용한다.
- 어렵지 않고, 최대한 쉽게 표현한다.
- 필요 이상으로 길고 복잡하게 쓰지 않는다.
- (의지력이 높을 때) 중요한 내용을 우선 처리한다.
- 다양한 방법으로 시각화/도형화한다.
- 중요한 핵심은 시각적으로 구분하거나 요약, 강조한다.

발표 측면에서 고려해야 할 점

- 핵심과 주장을 강약의 제스처와 목소리로 강조한다.
- 의미, 중요성, 심각성을 강한 톤으로 구분해서 강소한다.
- 호기심, 관심을 지속해서 자극하는 플롯을 사용해 발표한다.
- 의미, 호기심, 관심을 자극하는 화법과 질문을 사용한다.
- 유머, 스토리(추억, 경험, 인용)를 이용한다.
- 논리적으로 쉽고 간단명료하게 설명한다.
- 하나의 주제를 짧게 이야기한다.
- 초반에 중요한 것을 먼저 이야기한다.

☑ 호기심을 자극해서 '지식의 공백'을 만든다

산만한 리더의 주의력을 발표가 끝날 때까지 어떻게 더 잘 잡아둘 수 있는지 알아보겠습니다. 먼저 질문 하나를 던지겠습니다. 왜 사람들은 재미없는 영화를 중간에 포기하지 않고 끝까지 볼까요? '사람들이 지겨운 영화를 끝까지 보는 이유는 결말을 알지 못하는 것이 더 두렵기 때문입니다.'라고 카네기 멜론 대학의 조지 로웬스타인 교수는 이야기합니다. 이것을 '지식의 공백[7]'이라고 하는데, 발표하는 동안 계속해서 리더의 궁금증을 끌어내어 '지식의 공백' 상태를 끊임없이 만들어 내도록 노력해야 합니다.

사람은 본능적으로 생존확률을 높이기 위해 '지식의 공백'을 메우려는 욕구가 매우 큽니다. 이런 속성을 이용해서 호기심을 효과적으로 끌어내면 계속 다음 슬라이드를 보고 싶어 할 것입니다. 호기심의 공백을 만들고 채워나가는 발표의 흐름은 다음과 같습니다.

1. 다음 내용을 궁금해 하게 만들기
2. 그리고 빠져들면서 아하! 하게 만들기
3. 그리고 또 다음 장을 보고 싶게 만들기

이렇듯 호기심의 공백을 만들기 위해서는 드라마의 예고편처럼 다음

---

[7] 칩히스/댄히스 [Stick]

슬라이드를 보고 싶게 하는 방법이 있습니다.

1. "이 내용을 적용하면 반드시 도움이 됩니다!"

　기업의 리더는 자신에게 이득이 되는 것을 아래와 같은 관점에서 자동으로 판단하므로 발표 중에 리더가 이런 장점들을 느낄 수 있도록 특별히 강조할 필요가 있습니다.

- 나에게 직접적인 혜택이 있는가?
- 회사의 이익을 만드는가?
- 나와 조직의 위험을 줄이는가?
- 사회에 도움이 되는가?

2. "심각한 문제가 있습니다! 그러나 해결책이 있습니다."

　리더나 회사가 현재 안고 있는 전략, 관리, 마케팅, 판매, 생산, 품질, 안정 등의 문제를 리더의 관점에서 이야기합니다. 그 해결책을 발표 중에 제시할 것이라고 덧붙입니다. 그러면 리더는 자신들의 문제에 대한 해결책을 궁금해 하면서 발표자의 프레젠테이션에 확실하게 집중할 것입니다.

- "중요하고, 심각한 문제가 있습니다."
- "해결할 혁신적인 방법이 있습니다."

- "확실하게 이익이 되는 방법을 보여드리겠습니다."
- "문제를 해결하고, 효과를 내겠습니다."

3. "경쟁사 현황과 베스트 프랙티스를 소개하겠습니다!"

- "다음은 경쟁사 현황입니다!"
- "업계에서 가장 잘 나가는 A 사에 대해 보고 드리겠습니다."
- "요즘 뜨는 킬러 애플리케이션 세 가지를 보고 드리겠습니다."

4. "나는 이 분야의 전문가입니다!"

이렇게 이야기함으로써, 리더가 '전문가는 어떻게 이야기하나?' 생각하면서 듣게 만듭니다. 즉, 발표자 자신이 그 분야의 전문가라 보일 수 있는 근거를 이야기합니다.

- "나는 이 분야를 15년간 담당한 전문가입니다."
- "저는 이 분야에 대해 10년간 집중 연구를 했습니다."
- "나는 OOO 관련 박사입니다."

5. 호기심의 공백을 유도하는 기타 방법

기업은 리더 자신이 발표의 핵심을 거의 다 안다고 생각하는 똑똑한 사람들이 많은 곳입니다. 이런 사람들을 대상으로 끊임없이 '지식의 공백'을 유도한다는 것은 쉽지 않은 일입니다. 상황이 허락한다면 다음 '지식의 공백'을 만드는 방법을 적절하게 사용해 봅시다.

- "A가 적합하다고 생각하시는 분, 손을 들어 보시겠습니까?"
- "현재 우리의 방법은 잘못됐습니다. 이것을 증명해 보겠습니다."
- "생산성을 30% 이상 획기적으로 올리는 더 좋은 새로운 방법을 소개하겠습니다."
- "이 문제의 답은 다음 슬라이드에서 보실 수 있습니다!"

일반적으로 '프레젠테이션은 특정 사안에 대한 목적, 목표, 현황, 방법의 요약 설명'이라고 정의합니다. 그렇지만 리더를 이해시키고 설득시킨다는 관점에서

'프레젠테이션은 지속해서 리더의 호기심을 자극해 '지식의 공백'을 만들면서 그 공백을 발표자와 함께 메워가는 것!'

이라고도 정의할 수 있습니다. 이런 마음으로 자료를 만들고 발표한다면 이미 절반의 성공은 이룬 것입니다.

☑ 강력한 은유를 찾아서 작성하고 설명한다

프레젠테이션에서의 은유는 스토리텔링의 한 부분이라 생각할 수도 있지만, 직접적인 이해를 위해 스토리텔링과 구분해서 설명합니다. 여기에서의 은유는 비유라고 이해해도 좋습니다. 은유는 이해하기 어려운 내용을 이해하기 쉬운 것에 비유해서 자료를 만들거나 설명하는 방법입니다.

춘향전이 무엇인지 전혀 모르는 외국 사람에게 비유 없이 직접 설명하고자 하면, 주요 줄거리와 함께 길게 설명해야 합니다. 그렇지만 '로미오와 줄리엣과 비슷한 한국판 러브 스토리'라고 설명하면, 상대는 금방 아하! 하며 미소를 지을 것입니다.

경제지표 현황을 설명할 때, 불확실한 미래는 장마철 먹구름에, 곧 일기가 좋아질 것이라는 희망의 상황은 무지개나 푸른 하늘 등에 비유할 수 있습니다. 스마트폰의 발전을 다윈의 진화론에 비유한 설명도 가능할 것입니다.

업무발표를 할 때도 이해하기 어렵거나 생소한 내용은 아무리 자세히 설명해도 참석자의 집중력이 흐트러지고 맙니다. 그러나 참석자에게 친숙한 내용에 비유해서 작성하고 설명하면, 쉽게 이해하며 발표자에게 자연스럽게 몰입합니다. 아래는 업무용 은유의 몇 가지 예입니다.

- 정밀 위치 감시 센서에 의한 자동제어 시스템

    ⇨ 테니스 코트 호크아이(Hawk Eye[8])의 역할과 성능에 비유

- 자동 공기 압력 조절 장치

    ⇨ 인간의 혈액 순환계에 비유

- 공기접촉에 민감한 원자재 관리 방법과 절차

    ⇨ 상하기 쉬운 요리 재료의 보관 기준과 방법에 비유

---

8 호크아이(Hawk Eye) 테니스, 축구, 크리켓 등 구기 종목에서 사용되는 비디오 판독 시스템. 공의 In, Out을 정확하게 자동 판독

은유는 스토리텔링처럼 참석자를 집중하게 하고 이해를 훨씬 쉽게 만드는 장점이 있으나, 은유 또한 과하게 사용하면 역효과가 납니다. 복잡하고 어려운 핵심주제만 은유를 사용해서 슬라이드로 작성하고 발표를 합니다. 은유는 주제와 연관성이 높은 것을 잘 골라서 사용해야지, 아니면 오히려 집중력을 낮추거나 내용을 가볍게 만들 수 있습니다.

적절하게만 사용한다면, '은유는 집중력과 이해를 높이는 지름길!'입니다. 리더를 이해시키기 어려운 부분은 좋은 은유를 찾아 자료를 작성하고, 발표에 활용해 봅시다.

PRESENTATION

PART 2

인정받는 프레젠테이션! 기획부터 스마트하게

CHAPTER 1

시작 전에
오늘부터 버려야 할 것들

☑ 현실을 넘어 '워크 스마트'하라!

"2주 전부터 자료만 수정하고, 게임 같죠.. 과장님 통과하면 부장님 나오고, 부장님 통과하면 팀장님 나와서 자료는 산으로 가고… 발표는 결국 달랑 10분만 하는….

주간보고도 처음에는 '몇 줄만 써라!' 에서.. 지금은 개인당 2~3장씩.. 일주일에 그렇게 진척이 나가는 것도 이상하고.. 목요일 하루는 아예 소설 쓰는 날이 되어 버렸죠.

우리는 아이디어를 내고 정리하기보다는 자료를 어떻게 구성하고, 꾸밀 것인가에 시간을 훨씬 더 많이 소모하죠."

한 사원이 사내 게시판에 업무자료 작성에 대한 심각한 애로 사항이 있음을 올린 글입니다. 현장감을 살리기 위해 원문을 그대로 옮겼습니다. 많은 기업이 이와 비슷한 상황입니다. 다음은 프레젠테이션 코칭을 진행하면서 확인한 여러 회사의 공통적인 문제입니다.

1. 프레젠테이션 슬라이드 내용의 문제

- 원인 규명이 안 된 상태로 보고
- 대책 또는 결과 위주의 작성으로 실제 효과 없음
- 유리한 정보만 작성
- 결론에 맞춰 근거 Data를 만듦
- 비현실적 대책 강구와 납기
- 실행하지 않는 일회성 보고용 대책
- 불필요한 분량 늘리기
- 부분적 사실만 강조 / 과대 포상
- 보고자 입장에서 작성

2. 슬라이드 자료 구성의 문제

- 뭔가 있어 보이게 만들기 위한 그래프와 차트
- 고정된 양식, 규격으로 창의적인 보고 불가
- 내용보다 디자인(배치, 폰트, 그래프)에 많은 시간 사용
- 불필요한 사진 첨부

3. 작성과 발표현장의 문제

- 보고를 위한 형식적인 보고
- 1차 작성자, 2차 취합 작성자가 달라 방향이 달라짐
- 시간에 쫓기는 작성
- 부서 간 경쟁과 성과 부풀리기
- 같은 내용을 회의 종류에 따라 조금씩 바꿔서 작성
- 비생산적인 프레젠테이션 보고 횟수가 많음

워크 스마트한 업무 문화를 위해 자료 작성 업무의 개선이 가장 중요하고, 시급합니다. 회의를 생산적으로 진행하거나, 발표 자료를 좀 더 효과적으로 작성해도 많은 직원의 업무 생산성을 단번에 20%~30% 이상 올릴 수 있습니다.

기업 프레젠테이션은 논리적으로 주장을 펼치고, 토론과 검증의 과정을 거치는 합리적 의사결정의 도구가 되어야 합니다. 현실은 작성자가 초안을 작성하고 상사들과 1차, 2차, 3차의 검토와 수정을 하면서 인고의 시간을 보냅니다. 이렇게 프레젠테이션 자료는 회의 도구가 아닌 완성품으로써 품격을 갖게 됩니다. 작성과 검토의 참여자들은 오랜 시간 인고의 과정을 거치면서 내용과 논리에 대해 아무런 의심을 하지 않도록 스스로 무의식의 최면을 걸어갑니다. 여러 가지 오류의 가능성이 있음에도 불구하고, 슬라이드 자료 안에서만의 완벽한 내용과 논리를 스스로 확신하는 어리석음에 빠져듭니다. 이는 담당자나 리더의 선택을

위험한 방향으로 이끕니다.

이러한 프레젠테이션의 잠재 위험 때문에 구글은 '우리는 프레젠테이션 슬라이드를 생산하는 회사가 아니다!'라고 이야기하며, 프레젠테이션의 본질적인 위험을 전체 사원들과 공유하고 있습니다. 또한, '슬라이드는 회의를 진행하거나 견해를 주장하는 데 써서는 안 된다. 슬라이드에는 모든 사람이 똑같은 사실을 접할 수 있게 오직 데이터만 있어야 한다.'9 라고 주장하고 있습니다.

슬라이드 안에서만 완벽하게 보이는 프레젠테이션은 의도적이든 아니든 진실을 왜곡합니다. 고의로 왜곡하거나, 핵심을 실수로 놓쳤어도 자신의 주장으로 참석자를 설득하는 데만 초점을 맞추어 설명함으로써 사람들이 부당하게 설득당할 위험이 있습니다.

실제로, 회의 때 발표하는 자료들이 자신과 팀의 잘못에 대한 면책 의도로 작성되어, 교묘하게 문제점을 포장해서 감춘 것을 자주 봅니다.

리더는 이러한 근원적 위험성을 확실히 깨닫고, 올바른 의사결정을 하기 위해 직원들이 솔직하고, 건설적인 자료를 내놓을 수 있는 안전감 있는 조직문화를 조성하는 데 각별한 노력을 해야 합니다.10

안전감의 여건 조성을 위해서는 리더들이 솔직하게 문제를 드러내는

---

9 에릭슈미트 [구글은 어떻게 일하는가]
10 저자 누구나 리더가 되어야 하거나, 되는 상황이 있음

자료와 발표에 대해 꾸짖고 비판하지 말아야 합니다. 솔직하게 문제를 드러내도록 격려하며, 원인의 재발 방지와 해결책에 집중해야 합니다. 이런 변화가 생산적이고 효과적으로 프레젠테이션을 사용하게 하는 가장 중요한 시작입니다.

회사를 위해서도 비난과 비판으로 부실을 점점 감추게 하는 것보다는 드러나게 하는 것이 훨씬 효과가 좋습니다. 잘하고 있다는 최면에서 벗어나서 눈을 크게 뜨고, 각 팀의 발표를 지켜보십시오! 자랑으로 가득 찬 발표인지, 문제를 제대로 드러내는 진솔한 발표인지를! 이런 중요한 문제의 혁신적 개선을 위해서는 리더가 확고한 문제의식을 느끼고 탑으로부터의 변화관리를 강력하게 추진해야 합니다.

아쉽지만 기업의 문화가 바뀌기 이전이라도, 우리 스스로는 프레젠테이션을 작성하고 발표할 때, 이러한 위험성에 빠져드는 것을 항상 경계해야 합니다!

- 프레젠테이션은 목적이 아닌 회의용 도구다.
- 생산적인 주장과 토론을 위한 도구로 사용하자!
- 감추고 과대 포장해서 발표하는 자리가 아닌, 문제를 드러내고 함께 해결하는 자리가 되어야 한다.
- 프레젠테이션을 생산적인 도구로 사용하기 위해서는 리더의 문제의식과 변화관리가 절대적이다.

☑ 스티브 잡스, TED는 잊어라!

시중에는 프레젠테이션에 관련된 많은 책이 있습니다. 책 대부분이 프레젠테이션은 아름답고, 간단명료하게 만들어야 한다고 합니다. 글자 수는 최소한으로 줄이고, 세련된 도형과 인포그래픽을 사용하라고 합니다. 발표할 때는 스티브 잡스처럼 모든 것을 외워서 참석자들과 아이컨택을 하며, 항상 앞을 보고 발표하라고 합니다.

실제로 'TED', '세상을 바꾸는 시간', '강연 100도씨' 등의 강연용 슬라이드에는 멋있는 사진에 글자 몇 개 쓰여 있고, 발표자는 모든 내용을 외워서 마치 한편의 쇼와 같이 재미있고 유창한 말솜씨와 유머로 청중을 사로잡습니다. 또는 광고 전문회사에서 만든 슬라이드처럼 글자는 많더라도, 상당히 세련되고 화려한 슬라이드를 만들어 사용하기도 합니다. 그렇지만, 이렇게 과하게 단순하거나 화려한 슬라이드는 기업에서 일상적으로 사용하는 업무용이 아니라 대부분은 강연, 홍보, 경쟁용 프레젠테이션입니다.

이런 화려한 슬라이드는 기업에서는 대략 1% 이하로 사용합니다. 회사의 각종 행사 또는 경연 대회 등에서 청중의 관심을 유도하거나 분위기를 띄우고자 할 때, 재미있고 화려하게 만든 슬라이드를 가끔 볼 수 있습니다.

99%의 업무용 슬라이드는 이것과는 상당히 다릅니다. 우선, 그림 2-1 을 참조하세요. 왼쪽의 강연용, 홍보용 슬라이드와 오른쪽의 업무용 슬라이드의 차이를 직접 느껴 봅시다!

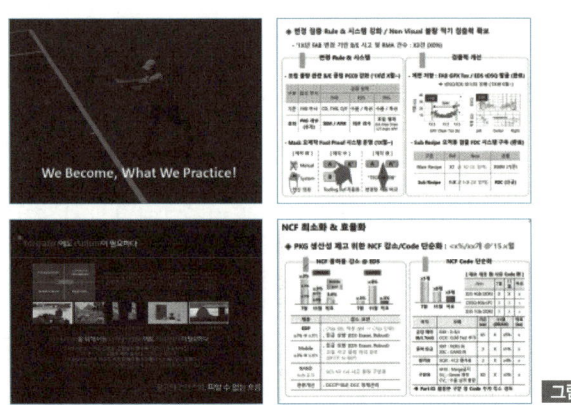

그림 2-1

차이가 보이나요? 업무 프레젠테이션의 '실제'를 확실히 느꼈을 것입니다. 왜곡된 지침으로 학습한 많은 사람이 기업의 현실에서 커다란 인지부조화認知不調和를 겪습니다. 창의성을 아예 버리고, 각 팀에서 예전부터 작성해 오던 양식대로 작성하거나, 시키는 대로 생각 없이 작성하는 늪에 빠집니다.

잘못된 믿음과 현실의 차이를 인지하고, 인지부조화로 인한 포기상태에서 벗어나 창의적이고 효과적인 슬라이드를 작성하는 방법을 지금부터 함께 확인해 보겠습니다.

☑ 모두 외운다는 강박관념을 버려라!

청중을 보며 발표하는 것과 관련해서 많은 사람이 잘못 배웠거나, 왜곡된 지침으로 인지부조화를 겪습니다. 대개의 많은 프레젠테이션 강사나 책은 프레젠테이션 슬라이드를 보면서 발표하면 안 된다고 가르칩니다. 저도 그렇게 배웠습니다. 이렇게 생각하고 있었다면 오늘부터 완전히 생각을 바꿔야 합니다.

슬라이드를 안 보고 앞의 청중만 보며 발표하는 것은 대개 18분 발표의 TED, 세바시 등의 강연용 프레젠테이션입니다. 아니면, 스티브 잡스의 신제품 발표회나 평창 올림픽 유치 발표처럼 몇 개월 전부터 준비해 온 홍보 또는 경쟁의 프레젠테이션입니다. 그러나 이런 때에도 자신과 청중 사이에 놓여 있는 스크립트를 보면서 발표를 합니다. 어쨌든 비즈니스 세계에서는 슬라이드를 안 보고 모든 내용을 외워서 발표한다는 것은 불가능하고, 그렇게 할 필요도 없습니다.

청중을 보며 발표하라는 의미는 스크린 위의 슬라이드만 보면서 읽듯이 발표를 하지 말라는 의미입니다. 발표 내용을 다 외우는 것은 시간 낭비도 많고, 오히려 자연스럽지 못한 발표를 만듭니다. 연습할 때는 각 슬라이드의 핵심 내용은 무엇이고, 어떤 논리로 쉽고 의미 있게 설명할 것인가를 생각하면서 연습하면 됩니다.

발표 중에 내용확인이 필요하면 슬라이드를 보고, 다시 리더와 참석

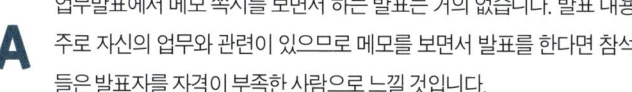

현장 Q&A

Q 발표에 자신이 없어요! 원고를 만들어서 읽는 것은 어떨까요?

A 업무발표에서 메모 쪽지를 보면서 하는 발표는 거의 없습니다. 발표 내용이 주로 자신의 업무와 관련이 있으므로 메모를 보면서 발표를 한다면 참석자들은 발표자를 자격이 부족한 사람으로 느낄 것입니다.
슬라이드 자체를 쪽지처럼 활용해야 합니다. 자신이 없으면 슬라이드를 주로 보면서 발표를 합니다. 발표 내용이 좋다면, 아마추어처럼 보여도 큰 문제는 안 됩니다.

자의 반응을 살피면서 리더 중심으로 이야기합니다. 또, 자료를 보며 이야기하다가, 자연스럽게 참석자들을 보면서 계속 발표를 합니다.

☑ 어두운 배경의 감각적 슬라이드! 오히려 독이다

기업의 발표 자료는 내용이 어렵고 복합적이어서 결코 강연용처럼 간단하게 작성할 수 없습니다. 자세한 내용의 슬라이드 없이 참석자를 이해시키고 설득하기란 거의 불가능합니다. 참석자 또한 발표자가 설명하는 내용이 눈앞의 스크린에 보이지 않는다면, 발표 내용을 제대로 따라올 수도, 이해할 수도 없습니다.

내용 측면만이 아니라, 기업에는 현실적으로 피하기 어려운 다양한 제약사항이 있습니다. 우선 기업 프레젠테이션의 문제점과 다양한 제약사항을 확인해 봅시다. 기업에서 올바른 프레젠테이션 슬라이드를 작성하려면, 이러한 제약사항들을 고려해서 상황에 맞게 작성해야 합니다.

1. 보고서로 겸용되는 프레젠테이션 슬라이드의 작성

많은 기업이 프레젠테이션하는 용도로만 슬라이드를 사용하지 않습니다. 비대면非對面 보고서의 용도로도 프레젠테이션 슬라이드를 사용합니다. 필요하면, 그 슬라이드 보고서를 이용해서 프레젠테이션하며 논의를 진행합니다.

워드 프로그램으로 작성하는 보고서의 대용으로 슬라이드 보고서를 사용하므로 워드 보고서의 작성원리를 슬라이드에 최적화해서 사용합니다. 특히, 이 부분에서 업무용 슬라이드는 강연, 홍보, 경쟁 등의 슬라이드와는 확연히 다른 특성을 갖습니다.

업무용 슬라이드들이 비대면보고서로 활용되는 상황은 대략 70% 이상으로 많은 편입니다. 그러므로, 비대면보고 상황에서도 슬라이드의 내용을 독자가 100% 이해할 수 있도록 작성해야 합니다. 간단명료하면서도 완전하게 이해가 되도록 두 마리 토끼를 모두 잡아야 합니다.

2. 작성 측면에서의 제약사항들

첫째, 문서 파일 크기에 제약이 있습니다. 작성된 프레젠테이션 파일은 리더나 관련자와의 사전 공유 또는 검토를 위해 이메일로 보냅니다. 이때 용량이 커서 하나의 파일을 두세 개로 나눠 보내는 일은 절대 해선 안 됩니다. 그러므로 멋있고 역동적인 프레젠테이션을 만들려는 욕심이 있더라도 해상도 좋은 사진, GIF 파일 또는 동영상으로 용량을 많이 키우지 말아야 합니다.

둘째, 슬라이드 배경은 간단한 것이 좋습니다. 프레젠테이션할 때 슬라이드의 내용을 스크린이나 모니터로만 보지 않고, 인쇄 자료를 함께 보는 일도 있습니다. 발표를 들으면서 여기에 메모하기도 합니다. 흑백으로 인쇄하더라도 모든 내용이 진한 배경색에 묻혀서 숨겨지지 않고 읽을 수 있어야 합니다. 그러므로 아무리 멋있어도, 검은색 배경을 사용하지 마십시오! 슬라이드 배경색은 간단하게 단색이나 흰색으로 하고, 내용에 사용하는 색들도 최소한으로 제한해서 사용합니다.

셋째, 제한된 시간 내에 신속하고 효과적으로 작성해야 합니다. 디자인이 중요하지 않은 이유이기도 합니다. 기업인들은 슬라이드의 미려함보다는 생산성에 초점을 맞춥니다. 기업 프레젠테이션 작성에 주어지는 시간은 강연용 자료를 만들 때처럼 무한하지 않습니다. 심할 때는 몇 시간 이내에 작성해야만 합니다.

슬라이드가 강연용 슬라이드처럼 멋들어지게 보인다면, 필요 이상으로 시간과 인적자원을 낭비했다고 오히려 리더의 지적을 받습니다. 때문에 도표나 디자인에 많은 시간을 들여 슬라이드를 예술적으로 만들 필요가 없습니다. 기업의 업무용 슬라이드는 명확한 주장과 논리가 우선이고, 주어진 시간 내에 어떻게 쉽고 간단명료하게 작성해서 발표자의 주장을 이해시키고 설득하는가가 핵심입니다.

 현장 Q&A

Q 최신 버전의 프레젠테이션 소프트웨어, 폰트를 꼭 사용해야 하나요?

A 마이크로소프트사가 파워포인트 버전을 신규로 시장에 내놓아도 대개의 기업은 짧게는 2~3년, 길게는 10년 이상 바꾸지 않습니다. 그러므로 회사 외부에서 최신 버전의 소프트웨어를 사용해 슬라이드를 만들었다면, 회사 내 다른 PC에서 해당 프레젠테이션 파일의 일부가 깨지거나 원하는 기능이 작동하지 않을 수 있습니다. 업무용 프레젠테이션 파일은 회사 내의 어느 PC에서도 호환되는 것이 안전합니다. 멋있고 세련된 폰트를 새로 내려 받아서 업무자료를 작성하지 마십시오. 내 PC에서는 전혀 문제없던 것이, 발표장의 PC에서는 폰트가 깨져서 불필요한 문제가 됩니다. 폰트까지 함께 저장하는 방법도 있지만, 모든 과정이 생산성에 전혀 도움이 되지 않는 불필요한 일입니다.

CHAPTER 2

기획의 시작, 목적과 종류를 먼저 생각하라!

☑ '목적'만 분명해도 절반은 성공! 목적에 따라 전략을 다르게 세운다

'수출 팀은 해외에서 방문한 고객들과 미팅을 자주 한다. 미팅에서는 회사의 조직현황, 사업현황, 시장현황, 제품전략, 고객과의 실적 추세 그리고 주요 사안들에 관한 프레젠테이션을 매번 시행했다.

수출 팀이 속한 전략 마케팅의 부서는 국가, 고객, 제품별로 나누어져 있어서 몇 개 부서의 관련 담당자들이 참석해서 1부와 2부로 나누어서 프레젠테이션을 시행했다.

매년 같은 사람이 방문하더라도 1부에서는 같은 부서에서 참석한 담당자들이 예전과 비슷한 시장현황, R&D 및 생산 등 정보공유를 위한 내용으로 지루한 발표를 했다. 2부의 프레젠테이션은 비즈니스 관련 현안, 요청사항, 대책을 발표하고 논의했으나, 1부의 미팅은 항상 형식적으로 흐르는 경향이 컸다. 1부의 발표를 매번 왜 이렇게 하는지 아무도 따지거나 묻지 않았다! 신입사원 때부터 쭉 경험해 왔던 방식은 사전에 특별한 요청이 없는 한, 늘 그렇게 진행됐다.'

회사마다, 부서마다, 사람마다 조금씩은 다르겠지만, 제 주변의 다른 수출팀 역시 이렇게 큰 의미도 없는 프레젠테이션 회의를 2~3시간에 걸쳐 진행했다고 합니다. 그때의 고객들은 매년 반복되는 비슷한 내용을 들으면서 얼마나 지루했을까요? '특별한 메시지 없이 매년 비슷하게 반복되는 의례와도 같은 프레젠테이션!'

모든 프레젠테이션에는 확실한 목적이 있어야 합니다. 만일 매년 비슷한 의식과 같은 프레젠테이션을 하고 있다면 스스로, 또는 리더에게 물어봅시다!

- 이것이 정말 필요한 내용일까?
- 리더나 고객이 정말로 듣고 싶어 하는 내용일까?

목적이 명확하지 않은 형식적인 프레젠테이션은 목적을 재조명해서 목적에 적합하게 효과적으로 활용할 수 있도록 자료를 만들고 발표해야 합니다.

프레젠테이션의 목적은 자료 작성의 큰 방향을 제시합니다. 목적에 따라서 자료의 내용이 달라지는 것처럼 작성 및 발표의 분위기와 방법 Tone &Manner 까지 다르게 적용해야 합니다.

목적을 분류하는 여러 가지 기준이 있지만, 이 책에서는 정보공유, 협의/설득, 경쟁, 의전, 행사, 자기소개의 6가지 목적으로 구분하겠습니다.

1. '정보공유'의 프레젠테이션

가장 일반적으로 '정보공유'의 목적으로 사용하는 프레젠테이션이 있습니다. 주로 새로운 정보, 현황, 각종 동향, 분석 및 예측 등을 참석자에게 알려주는 목적으로 사용합니다.

일반적으로 정보공유 목적의 프레젠테이션은 정보를 단순하게 나열하는 방식으로 작성합니다. 즉, 사실이나 현상 위주로 설명하고, 이유와 근거를 제시할 필요가 크게 없습니다.

이런 식의 발표는 참석자를 지루하게 하고, 집중을 잘 못 하게 만듭니다. 정보공유가 목적이라 해도 공유만 하겠다는 생각으로 발표 시간을 보내는 것은 기업의 생산성 향상에 크게 도움이 안 됩니다. 발표자와 참석자의 시간 낭비에 지나지 않습니다. 공유하려는 정보 중에서 특히 어떤 정보가 중요하고 유용하게 사용되어야 하는지를 발표자의 의도와 주장으로 표현해야 합니다. 즉, '정보공유'의 목적이라 하더라도 단조롭게 발표하지 말고, '협의/설득'하는 것과 같이 작성자의 의지가 보이도록 작성하고 발표해야 합니다. 먼저 중요한 정보를 주장이나 결론으로 두고, 그렇게 생각하는 이유나 근거를 들어 논리적으로 작성합니다. 중요하지 않은 기타 정보는 간단히 설명하면서 넘어갑니다.

이렇게 해야, 참석자는 여러분의 새로운 정보에 더욱 열심히 귀를 기울이고 집중할 것입니다. 열정과 의지를 보이는 정보공유의 발표는 남들과 차별화되는 중요한 요소입니다. 설득의 자세와 의지로 자료를 만들고 열정적인 발표를 해봅시다!

2. '협의/설득'의 프레젠테이션

'협의/설득'을 목적으로 하는 프레젠테이션은 공통의 문제와 주요 사안을 참석자와 공유하고, 협력을 요청하거나 관련된 다양한 의사결정을 하는 것을 주목적으로 합니다. 즉, 발표자의 주장을 이해시켜서 궁극적으로는 동의 혹은 합의하도록 설득하는 것입니다. 그러므로 발표자의 의견을 강력하게 주장하여, 합리적인 이유와 근거로 이해시킴으로써 동의하기 쉽게 만들고자 하는 의지가 필요합니다.

발표할 때는 이렇게 만든 슬라이드를 이용해서 참석자를 최대한 집중하게 만들고, 쉽게 이해시키기 위해 노력합니다. 깊은 공감을 끌어낼 수 있도록 열정을 담아 강력하게 설득하는 톤으로 발표를 합니다. 파트3에서 자세히 설명하겠지만, 참석자에게 자신의 주장을 세일즈 하듯이 '반드시' 설득하겠다는 의지로 발표하는 것입니다.

'협의/설득' 목적의 프레젠테이션 관점으로 여러분이 반드시 공감하고 실행해야 할 중요한 마인드 셋이 있습니다.

발표현장에서 자주 보이는 문제입니다. '협의/설득'의 프레젠테이션을 하면서도 마치 '정보공유'의 프레젠테이션처럼 단조롭게 발표를 합니다. 프레젠테이션의 목적을 충분히 고려하지 않고, 기계적으로 지루하게 발표하기 때문입니다. 이런 자세로 발표하면, 참석자들은 집중하지 못하고 문제의 중요성에 공감하기 어려워집니다. 설득하거나 합의를 끌어내는 목적에 부정적인 영향을 줍니다. 그러므로 '협의/설득' 목적의 발표는 반드시 목적에 맞게 상대의 감정을 긍정적으로 자극해서 공감을 만들어 낼 수 있는 내용으로 작성하고 발표합니다. 앞에서 배운 KEH 분석을 활용해서 대상의 다양한 요구를 검토해 대응하는 것도 좋은 방법입니다.

3. '경쟁' 프레젠테이션

행사적인 성격을 띠는 프레젠테이션으로, 기업이나 팀의 전략을 주장하고 선정되기 위한 '경쟁'을 목적으로 하는 발표입니다.

'경쟁' 목적의 프레젠테이션은 차별화된 핵심을 주장하고, 의미 있고 설득력 있는 근거들로 논리적으로 작성합니다. 그리고 열정과 호소력 있는 목소리로 평가자를 이해시키고 설득합니다.

4. '의전' 프레젠테이션

'의전'의 목적으로 사용하는 프레젠테이션은 주로 회사에 손님이 방문했을 때 회사소개나 방문자가 알고 싶어 하는 내용을 발표하는 데 사용합니다.

'의전' 목적의 발표에서는 주의할 점만 강조하겠습니다. 고객에게 우리의 장점과 현황을 설명하다 보면, 자랑만 심하게 넘쳐날 수 있습니다. 우리를 지나치게 강조하지 말고, 상대를 높이면서 상대에 대한 우리의 감사하는 마음을 전하는 자료와 발표가 좋습니다. 또한, 상투적이고 의례적인 내용보다는 그 미팅의 성격과 주제를 고민해서 감동적인 내용을 만드는 데 주력합니다. 고객의 감동과 감사의 마음을 끌어냅니다.

5. '행사' 프레젠테이션

'행사' 목적으로 기업의 각종 기념식, 정기 소통 및 친목 행사 등에 관련된 내용의 프레젠테이션에 주로 사용합니다.

'행사' 목적은 단순하면서도 의미와 재미가 있는 내용으로 작성합니다. 그리고 주제에 적합하게 의미심장하거나 활기차게 발표를 합니다.

6. '자기소개' 프레젠테이션

기업에서는 신입사원 및 부서 전배 사원 등이 '자기소개'의 목적으로 직접 발표하지는 않으나 프레젠테이션 슬라이드로 작성해서 메일로 공유를 합니다.

'자기소개' 목적으로 작성할 때는 자신에 대해 많은 사람에게 한 번에 잘 알릴 좋은 기회입니다. 시간을 충분히 갖고 자신의 장점을 잘 알립니다. 그리고 멋있게 작성하는 실력을 마음껏 뽐내 보는 것도 좋습니다. 추가로 자신의 강한 의지를 보일 수 있다면 더욱 빛날 것입니다.

☑ '종류'에 따른 특성과 강조점으로 차별화해 작성하고 발표한다

발표 자료의 '목적'과 '종류'는 정의하는 기준에 따라서 서로 비슷하게 느껴질 수 있습니다. 우선, 앞에서의 정보공유, 협의/설득, 경쟁, 의전, 행사, 자기소개의 6가지로 구분했던 발표의 목적과 각각의 의미를 명확히 합니다.

발표 자료의 종류는 주로 '보고용', '협조 요청용', '기획용', '품의용'의 4가지 종류가 있습니다. 발표 자료를 작성할 때는 종류를 명확하게 구분해서 다음과 같은 주요 내용과 핵심이 반영될 수 있도록 합니다.

1. '보고용' 자료

- 자료 제목의 끝에 주로 "보고, 보고서, 시작보고, 중간보고, 최종보고, 사고 발생 경위, 상황보고, 경과보고, 종결보고, 결과보고" 등의 이름으로 작성
- 주로 관련 내용을 공유하는 목적으로 빠르고 간단명료하게 작성하는 것이 핵심
- 경위서, 상황보고는 대책을 보여주는 것이 중요
- 결과보고는 객관적인 내용으로 (예상)효과와 향후 이슈의 내용을 포함하는 것이 중요
- 비대면 서면보고, 대면 구두보고, 또는 프레젠테이션을 상황에 맞게 적절하게 시행
- 일반적으로 '정보공유'의 목적으로 프레젠테이션 실행

2. '협조 요청용' 자료

- 자료 제목의 끝에 주로 "협조 요청, 지원 요청, 공문, 업무 연락" 등의 이름으로 작성

- 주로 협조/지원을 요청하는 내용으로 담당자, 부서 이름, 필요 안건 및 납기를 명확하게 구분 표현해야 함
- 협조하는 것이 Win-Win이라고 설명해서 적극적 협조의 필요성을 공감하게 작성하는 것이 중요. 상황에 따라서는 안건의 지원자Sponsor 또는 최고책임자Champion를 활용해서 협조를 강력하게 요청하는 방법도 고려 필요
- '협의/설득'의 목적으로 프레젠테이션 실행

3. '기획용' 자료

- 발표 자료 제목의 끝에 주로 "계획서, 기획서, 제안서" 등의 이름으로 작성
- 기획안의 단계에 따라서 OO 기획(안), OO 기획(경과), OO 기획(결과)과 같이 진행단계를 표현해서 보고용으로 겸용
- 주로, 프로젝트 성격의 내용이므로 적절한 '수평논리[11]'를 적용해서 완전한 이해와 설득을 목적으로 작성
- 전략적인 표현과 미래, 향후 계획 등을 보여주는 것도 필요
- 상황과 단계에 따라서 리더, 관련자와의 사전 정보공유나 중간보고 필요
- '협의/설득'의 목적으로 프레젠테이션 실행

4. '품의용' 자료

- 발표 자료 제목의 끝에 주로 "품의, 품의서" 등의 이름으로 작성

---

[11] P120 수평논리 내용 참조

- 주로 간단한 행사 안, 예산안, 과제 진행 등을 보고해서 회사에서 정한 적절한 리더에게 합의와 최종 결재를 받기 위해 작성

- 간혹 계획서, 기획서 등의 진행 합의와 재가를 받는 것을 품의라는 이름으로 진행하기도 함

- 객관적이고 합리적인 이해가 중요하므로 간단명료하게 작성하고, 공감과 신뢰성 있는 근거 제시가 중요

- 시행결과로 인한 기대효과 제시가 중요

- 비대면 서면보고, 대면 구두보고, 또는 프레젠테이션을 시행해서 공감을 형성하고 주로 설득하는 용도로 사용

- 주로, '협의/설득'의 목적으로 프레젠테이션 실행

현장 Q&A

Q 발표 자료의 표지 제목을 쓰는 것이 어려워요! 어떻게 써야 하나요?

A 발표 자료의 제목을 정할 때도 단순하게 정하지 않고, 다음의 세 가지를 고려해서 작성합니다.

첫째, 슬라이드를 스크린에 띄워 놓고 발표를 기다리는 동안에도 참석자가 표지의 제목을 통해서 발표 내용에 대한 많은 정보를 미리 확인할 수 있도록 핵심 내용을 압축해서 정합니다.

둘째, 리더와 참석자의 관심을 강하게 끌 수 있는 제목을 다음에 학습할 '헤드라인 작성의 원리'를 이용해서 정합니다.

셋째, 발표 자료의 종류를 확인할 수 있게 합니다. 즉, 제목의 끝에 협조 요청, 지원 요청, 보고, 보고서, 시작보고, 중간보고, 최종보고, 사고 발생 경위, 상황보고, 경과보고, 종결보고, 결과보고, 계획서, 기획서, 품의, 품의서를 표시해서 발표 자료의 종류를 명확하게 구분합니다.

이렇게 제목을 정하면 첫 장의 제목만으로도 참석자는 많은 정보를 얻고, 발표 내용에 대한 이해도와 몰입도가 높아집니다.

- 신제품 'Alpha' 도입 **기획**(안)
- 신제품 'Alpha' 추진 예산 **품의**
- 신제품 'Alpha' 도입 추진 **현황 보고**
- 신제품 'Alpha' 도입 관련 **지원 요청**
- '20년 'Alpha' 매출 및 이익 **결과 보고**

CHAPTER 3

어떤 자료에도 잘 통하는 '스마트 슬라이드'

☑ 모든 슬라이드를 '스마트 슬라이드'로 만들어라!

'이 상무의 전략회의 자료는 회사에서 많이 사용하는 다른 자료와 같이 빼빼하게 작성되어 있다. 모든 슬라이드가 그리고 작은 폰트의 많은 글자와 다양한 도표, 그래프 등으로 복잡하다. 슬라이드 한 장에 중요한 내용이 5개에서 10개 정도는 담겨 있는 것 같다.

이 상무는 왼쪽 아래의 도표를 열심히 설명하고 있다. 이때 갑자기 사업부장이 질문한다. "이 상무, 오른쪽 위를 보면 도표가 있는데 그게 어떤 내용입니까?" 이 상무는 갑자기 들어온 질문에 당황하며 우물쭈물 대답해 버린다. 작성자와 함께 검토할 때 그 도표에 대해 깊게 생각해 보지 않았기에 머릿속이 하얗게 변했기 때문이다.'

이런 불편한 상황이 발생하는 몇 가지 명확한 이유가 있습니다. 첫 번째 이유는 그림 2-2 의 전통적 업무 슬라이드처럼 슬라이드 하나에 복잡하고 많은 내용이 있습니다. 사람들은 자연스럽게 발표자의 설명보다 훨씬 빨리 슬라이드의 다른 부분을 보면서 딴생각을 합니다.

두 번째 이유는 임원의 발표 자료는 주로 자신이 만들지 않습니다. 팀원들이 작성하고 취합해서 단계적으로 검토한 다음, 발표자인 임원과 최종 검토해서 완성합니다. 자료가 복잡하면 구석에 있는 작은 내용을 깊게 생각하지 않고 검토를 마무리하기도 합니다. 바로 그 부분을 사업부장이 질문합니다. 갑자기 질문이 들어오니 이 상무는 내용이 생소하게 느껴집니다. '왜, 저기에 저런 내용이 있지!' 갑자기 이런 생각이 들며 앞이 깜깜해집니다.

이런 일은 긴장감 있는 프레젠테이션을 하는 자리에서 자주 발생합니다. 다른 팀의 발표 자료도 대부분 이렇게 복잡하고 많은 내용이 담겨 있습니다. 누구나 이런 위험 부담을 안고 발표를 하고 있습니다. 이런 문제는 스마트 슬라이드의 장점과 개념만 명확히 이해한다면 충분히 방지할 수 있습니다.

슬라이드를 멋있게 만들어야 참석자가 집중한다고 생각하기 쉽습니다. 그러나, 멋있는 슬라이드보다는 다음과 같은 5가지 기준을 충족해야 합니다. 이 기준을 최대한 지키면서 대부분 슬라이드를 작성하면, 참석자가 발표자의 설명을 잘 따라오며 함께 이해하고 공감합니다.

좋은 슬라이드를 위한 5가지 작성 기준

- 너무 복잡하지 않아야 한다.
- 발표자의 주장이 명확하게 보여야 한다.
- 한 장에 하나의 핵심 결론/주장을 담는다.
- 결론/주장 - 이유 - 근거/방법과 같이 논리적 순서이어야 한다.
- 최소 폰트 사이즈는 16을 권장하고, 작아도 14가 좋다.

이 5가지 기준을 잘 적용해서 만든 슬라이드를 '스마트 슬라이드'라고 부르겠습니다. 그림 2-2 에 스마트 슬라이드를 '전통적 업무용 슬라이드', '강연용 슬라이드'와 비교했습니다.

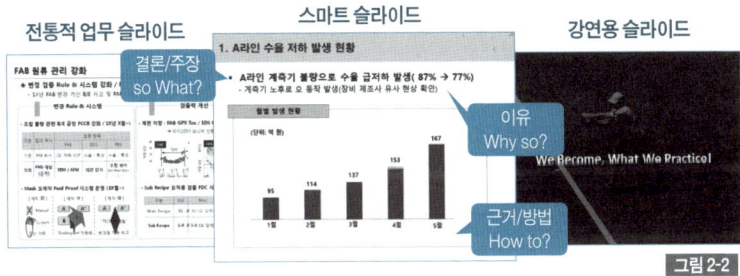

그림 2-2

앞서 '업무용 프레젠테이션의 본질'에서 업무용 프레젠테이션이 강연용보다 내용이 복잡한 이유를 설명했습니다. 지금부터는 좌측의 전통적 업무 슬라이드에 대해 깊게 이해를 하고, 문제점과 개선점에 대해 공감해 보겠습니다.

전통적으로 사용하는 업무 슬라이드는 한 장의 슬라이드를 2~4개의 영역으로 나누어, 마치 스마트 슬라이드 2~4장의 내용을 한 장에 담은 것처럼 보입니다. One Page Report(한 장 보고서, 이하 OPR)와 같이 한 장의 슬라이드에 핵심 내용이 적게는 4개부터 10개 이상까지 들어가 있습니다. 폰트 크기도 작은 것은 12 혹은 8 이하까지도 내려갑니다. 이렇게까지 필요 이상으로 복잡하게 작성하는 이유는 세 가지가 있습니다.

첫째, 슬라이드를 만들면 항상 인쇄해서 시작 전에 참석자 모두에게 나누어 주던 때가 있었습니다. 같은 내용을 전통적 슬라이드로 작성해서 인쇄하면 25장이면 충분한데, 스마트 슬라이드로 작성하면 100장 이상으로 늘어납니다. 종이 낭비도 심하고, 프린트의 양이 많아 배포하는 사람이나 받는 사람도 부담스럽습니다. 이런 이유로 밀도 높은 슬라이드 작성법이 오랫동안 사용되어 오면서, 실행 상 표준de facto standard 으로 자리 잡았습니다.

둘째, 하나의 내용을 같은 슬라이드 안의 다른 내용과 비교 설명해야 할 때입니다. 전통적 슬라이드에서는 슬라이드를 넘기며 왔다 갔다 하지 않아도 슬라이드 내에서 비교 설명하기가 쉽습니다. 기업의 발표 주제는 많은 요소가 상호 연관성이 크므로 일부는 이렇게 작성할 필요가 있습니다.

셋째, 보고서 작성의 업무 효율성을 높이기 위해 OPR의 사용이 유행처럼 강조되기도 했습니다. OPR은 워드 형의 보고서에서 강점이 더 있습니다. 문제는 슬라이드형 문서를 만들 때도 OPR의 원칙이 무분별하게 적용될 때입니다. 슬라이드 수를 최대한 늘리지 않고, 한 장에 많은 내용을 넣어야 옳다는 단편적인 생각이 슬라이드를 만들 때도 작용하는 겁니다. 이런 관성은 한 장의 슬라이드에 꾸역꾸역 최대한 많은 내용을 담게 만들어 작성자, 발표자, 참석자 모두를 더욱 어렵게 만듭니다.

☑ '스마트 슬라이드'의 다양한 장점으로 워크 스마트하자!

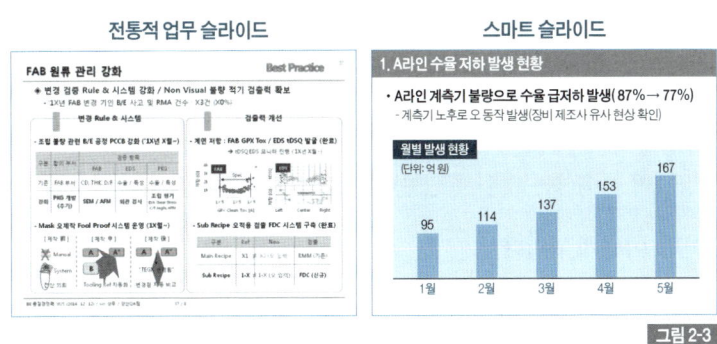

그림 2-3

스마트 슬라이드의 상대적인 장점을 직접 눈으로 확인해 보기 위해 두 슬라이드를 그림 2-3 에서 비교해 보았습니다. 차이가 느껴지나요? 스마트 슬라이드는 참석자가 집중하기 쉬운 5가지 기준을 최대한 반영해서 작성한 것입니다.

이 차이에 대한 명확한 이해를 위해 스마트 슬라이드의 여섯 가지 장점을 자세히 비교 설명합니다. 깊은 공감을 바탕으로 스마트 슬라이드의 장점을 업무에서 최대한 활용해 봅시다!

1. 발표자와 참석자 모두 중요한 내용을 놓치지 않는다.

슬라이드의 내용이 복잡하면, 참석자는 자연스럽게 설명하지 않은 다른 내용을 미리 읽습니다. 발표자 역시 마찬가지로 발표의 리듬을 잃게 되면 중요한 내용을 건너뜁니다. 발표가 끝난 후, 반드시 설명했어야 할 내용이 생각나서 스스로 멍청이라 꾸짖습니다!

2. 논리적으로 설명하기 쉽고, 참석자가 이해하기 쉽다.

복잡한 슬라이드는 간명한 논리로 발표하는 것이 어렵습니다. 대개는 중언부언, 여기저기 설명하게 됩니다. 논리적 흐름이 약해서 발표자를 따라가며 이해하는 것이 어렵습니다. 그러므로 참석자를 설득하는 것은 더더욱 어렵게 됩니다.

스마트 슬라이드는 발표자가 결론/주장, 이유, 근거/방법의 논리적인 순서대로 혼선 없이 설명해 나갈 수 있으므로, 설명이 간단해지고 참석자도 쉽게 따라오며 이해를 합니다.

3. 참석자의 뜻밖의 난감한 질문을 줄일 수 있다.

앞의 이 상무의 사례와 같이 만약 리더가 다른 내용을 보다가 그에 대해 질문을 한다면 발표자는 쉽게 답할 수 없을 것입니다. 발표자는 슬라이드 안의 내용이 너무 많아서 모든 내용에 대해 깊게 검토하기 어렵습니다. 특히, 팀원이 작성하고 취합한 자료를 발표하고 있다면, 그 내용이 왜 거기에 있는지 알지 못해 머뭇거리게 됩니다. 알고 있었던 내용이라도 갑자기 질문이 들어오면, '그 내용이 왜 거기에 있지? 진정 의미하는 바가 무엇이지?'하며 순간 머리가 먹먹해집니다.

많은 발표자가 이런 '낯섦 현상'을 겪어 보았을 것입니다! 스마트 슬라이드의 한 슬라이드에는 핵심 주장이 1~3개 수준이므로 최종 검토 단계에서 슬라이드마다 핵심과 논리를 완전하게 파악할 수 있습니다. '낯섦 현상'도 완전하게 방지합니다.

4. 글자 폰트 크기가 커져서 멀리서도 잘 보인다

스마트 슬라이드에는 내용이 많지 않으므로, 최소 폰트의 크기를 16 정도로 크게 할 수 있습니다. 참석자 중에는 시력이 좋지 않은 사람이 있습니다. 특히, 시니어 매니지먼트의 시력을 충분히 배려할 수 있습니다. 또한, 큰 회의실이나 강당의 뒤쪽은 글자가 작으면 잘 보이지 않아서 발표자의 내용을 쫓아가기 어렵습니다.

5. 오타나 사소한 실수를 쉽게 발견할 수 있다.

오타는 작성과 리허설에 투입한 노력에 비해 너무 쉽게 발표자에게 부정적인 영향을 줍니다. 내용이 복잡하고 많으면, 수십 번을 검토하고 수정해도 발표 중에 크고 작은 오류가 보입니다. 발표 중에 오타나 실수를 발견하면, 발표자는 살짝 당황하며 전체적으로 매끄럽지 못한 발표를 합니다. 스마트 슬라이드는 한 장의 슬라이드에 글자 수가 많지 않고, 논리적으로 꼭 필요한 문장과 단어만 있는 관계로 꼼꼼하게 검토하기 쉽습니다.

6. 슬라이드 작성시간을 현저하게 줄일 수 있다.

스마트 슬라이드의 가장 큰 장점 중의 하나입니다. 전통적으로 복잡하게 작성된 슬라이드보다 장수가 몇 배는 많아지는데 어떻게 작성시간을 줄여준다는 것인가? 의구심이 들 수도 있지만, 시간이 확실히 줄어드는 것을 증명해 보겠습니다.

'작성자가 One Page Report^OPR처럼 한 장에 5가지 핵심 내용을 담아서 전통적 슬라이드로 작성했습니다. 다음에는 차 상급자와 검토를 할 것입니다. 어떤 것을 넣고, 옮기고, 빼고, 강조하는 등의 지시를 받고, 담당자는 자료 수정을 위해 많은 시간을 사용합니다.
만일, 한 부분의 내용을 빼 버리면, 그 공간을 다른 부분의 내용으로 옮겨서 채워야 합니다. 단지 미적인 이유만으로 엄청난(진짜 오래 걸립니다!) 노력과 시간을 사용해야만 적절하게 재배치하는 작업을 마칩니다.
그다음에는 어떤 일이 일어나나요? 또, 그 위의 상사인 팀장이나 임원과 자료 검토를 시행합니다. 이때 또 다양한 변경 및 보완 지시가 나오는 것이 일상적인 모습입니다. 이러한 지시에 따라 자료를 수정 보완하면서 담당자는 밤을 지새우게 됩니다.'

만일 한 장에 하나 또는 둘 정도의 핵심 메시지를 담는 스마트 슬라이드 형식으로 작성했다면 빼라는 내용은 해당 슬라이드 전체를 빼면 됩니다. 추가로 넣으라면, 새로 한 장을 만들어 넣으면 됩니다.
기업에서 실무를 해보았다면, 이것의 차이가 얼마나 많은 시간과 노력을 줄어들게 하는지 공감할 것입니다. 이러한 장단점은 담당자뿐만 아니라 기업문화 개선에 크게 기여할 수 있는 리더들이 반드시 공감해야 합니다. 스마트 슬라이드를 활용하면 퇴근 시간을 앞당겨 워크 스마트할 수 있습니다.

여섯 가지 장점을 통해서 충분히 느끼고 공감했다면, 이제부터는 과감하게 한 장의 슬라이드에 한 개의 핵심 메시지(결론/주장)로 작성합시다! 많게는 최대 세 개 정도 담는 것을 권장합니다.

근래에는 인쇄를 요청하는 리더가 상대적으로 많지 않습니다. 만일 여러분이 인쇄를 지시하는 리더라면, 인쇄가 필요한가? 인쇄물을 나중에 보는 횟수는 얼마나 되는가? 스스로 물어보고, 비효율적인 것은 과감하게 버릴 필요가 있습니다.

상황에 따라서는 여러분의 회사나 리더에게도 스마트 슬라이드의 다양한 장점을 잘 이해시켜서 스마트 슬라이느를 사용하도록 직극직으로 설득해 봅시다!

☑ 각각의 슬라이드, '수직논리'로 간단명료하게 표현한다

스마트 슬라이드를 만드는 첫 번째 방법은 수직 논리를 그림 2-4 와 같이 슬라이드 한 장에 간단명료하게 전개하는 것입니다.

먼저, 바람직한 수직논리에 대해 알아보겠습니다. 슬라이드 한 장을 논리적으로 작성한다는 것은 '그 슬라이드의 결론/주상의 중요성, 긴급성, 객관성, 합리성을 증명하기 위해서 중요한 이유나 근거가 상호 겹치

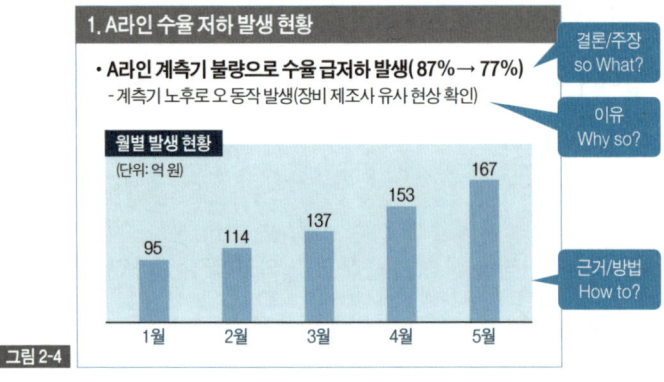

지 않고 빠짐없이 MECE 있어야 합니다. 그리고, 이해하기 쉬운 순서로 정리되어야 합니다.

스마트 슬라이드의 기본은 그림 2-4 와 같이 한 장의 슬라이드에 하나의 핵심 메시지만을 담는 것입니다. 되도록 '결론/주장 - 이유 - 근거/방법'의 순서로 배치하는 3단계, 또는 '결론/주장 - 근거/방법'의 2단계 수직논리를 사용합니다.

수직논리의 원칙 없이 작성된 자료는 결론/주장의 위치가 슬라이드마다 다릅니다. 결론/주장을 항상 앞 또는 위에 배치한 두괄식 슬라이드처럼 일관성 있게 작성하는 것도 효율적입니다. 발표할 때에도 결론/주장이 어디에 있는지 항상 쉽게 알 수 있으므로 발표자에게도 유리합니다. 리더나 참석자가 발표 내용을 이해하고 몰입하기에도 편합니다.

대개의 리더는 결론/주장부터 듣고 싶어 한다는 것을 잊지 말아야 합니다. 특별히 다른 이유가 없으면, 각각의 슬라이드는 스마트 슬라이드를 기본으로 해서 두괄식 수직논리로 만듭니다.

결론/주장 영역에 리더의 집중과 호기심을 자극하기 위해 질문을 사용할 수도 있습니다. '질문-답-근거'의 순서로 작성합니다.

☑ 스마트 슬라이드의 핵심을 '헤드라인'으로 주장하라!

스마트 슬라이드에서는 각 슬라이드의 결론/주장을 강력하고 간단하게 압축한 헤드라인으로 표현합니다. 헤드라인은 펀치라인이라 표현하기

> **현장 Q&A**
>
> **Q** 시간의 흐름으로 표현하는 수직논리는 어떻게 표현해야 하나요?
>
> **A** 와 같이 시간의 흐름에 따라 변동하는 내용은 명확한 수직논리의 기준이 없으면, 일관성을 놓치기 쉽습니다.
>
> 원칙과 일관성 없게 작성된 자료는 발표하는 상황에 어느 쪽부터 설명해야 할지 순간 망설이게 됩니다. 명확한 원칙을 지키면서 작성하면 혼동 없이 매끄럽게 발표할 수 있습니다.
>
> 시간의 순서가 큰 의미가 없다면 중요한 내용인 현재와 관련된 내용을 우선 배치합니다. 즉, 의 Case 1과 같이 세로 흐름으로 작성할 때는 위에, 가로 흐름으로 작성할 때는 왼쪽에 더 중요한 것(현재)을 배치합니다.
>
> 단, 시간의 흐름을 강조하고 싶을 때는 Case 2와 같이 순서를 바꾸는 것이 좋습니다. 즉, 과거-현재-미래 순으로 작성합니다.
>
> **시간의 흐름에 따른 상황의 수직논리 전개**
>
>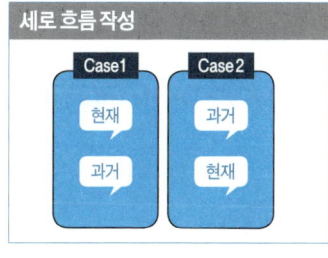
>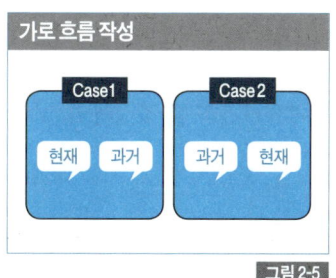
>
> 그림 2-5

도 합니다. 기자는 헤드라인만 읽어도 전체 기사의 내용을 추측할 수 있도록 모든 내용을 단 한 줄의 헤드라인에 담으려고 노력합니다.

많은 업무발표 자료에서 헤드라인을 그 슬라이드의 단순 제목이나 목차로만 사용하거나 헤드라인이 아예 없는 것을 자주 봅니다. 헤드라인의 중요한 가치를 이해하지 못해서 발생하는 아쉬운 현상입니다.

슬라이드의 헤드라인을 정할 때, 마치 신문기자의 정성처럼 단 한 줄에 모든 것을 담아내려는 노력이 필요합니다. 잘 쓰인 한 줄의 글에는 사람의 마음을 움직이는 힘이 있습니다. 글을 통해 작성자의 의도대로 생각하게 만들거나 움직이게 하는 것을 '프레임Frame 효과'라고 합니다. 다음의 커다란 3가지 효과를 생각하면서 각 슬라이드의 헤드라인 작성에 깊은 정성을 쏟읍시다!

1. 헤드라인은 그 슬라이드의 가치를 결정한다.

각 슬라이드의 결론/주장을 헤드라인으로 작성할 때 리더나 참석자에게 강한 의미-장점/문제/핵심-를 주는 것이 아니라면, 그 슬라이드는 빼서 버리는 것을 적극적으로 권장합니다. 발표하더라도 해당 슬라이드는 리더에게 별 의미 없는 잡음처럼 느껴질 테니까요. 이런 기준으로 슬라이드의 내용과 장수를 조정하면, 전체 발표 내용은 더욱 간단명료해집니다.

2. 좋은 헤드라인은 리더의 관심과 집중을 끌어낸다.

기업의 리더들은 실제로 바쁘거나 혹은 마음이 조급한 사람들입니다.

이메일과 보고서의 제목, 슬라이드의 헤드라인으로 보고서 내용에 관심을 가질지 말지를 결정합니다. 이러한 특성을 고려해서 제목이나 헤드라인을 작성합니다.

인터넷 신문은 가장 먼저 헤드라인만 보입니다. 이 때문에 사람들의 유입을 늘리기 위해 소위 낚시성 헤드라인을 사용합니다. 프레젠테이션의 헤드라인도 긍정의 의미로 낚시성 의도를 담아 작성합니다.

리더는 새로운 슬라이드가 스크린에 나오면, 헤드라인을 보면서 그 슬라이드의 주제와 첫인상을 경험합니다. 그 첫인상의 느낌이 중요하거나 좋게 느껴지면 발표에 더욱 관심을 둡니다.

'어떻게 표현해야 리더가 좀 더 깊은 관심을 가질까?', '제목만으로 본문의 내용을 어떻게 더 잘 이해하게 만들 수 있을까?' 생각하면서 헤드라인을 정합니다. 프레젠테이션의 헤드라인은 광고의 카피처럼 엄청난 고난의 산물일 필요는 없습니다. 그러나, 헤드라인을 정할 때 한 단계만 더 깊게 생각해도 더욱더 훌륭한 프레젠테이션 자료를 만들 수 있습니다.

3. 헤드라인은 발표자의 나침반과 지도다.

각 슬라이드마다 결론/주장의 헤드라인이 없다면, 발표자는 매 슬라이드의 결론/주장을 기억하거나 찾아서 설명해야 합니다. 특히 발표자가 당황하거나 불안한 상황이라면 슬라이드마다 전달하고자 하는 결론/주장을 정확하게 이야기하기 어렵습니다.

그러나 헤드라인이 있다면, 아무리 당황한 순간이라도 바로 헤드라인부터 집중해서 발표를 시작할 수 있습니다.

> 인정받는 심화 스킬

보자마자 설득되는 '헤드라인'을 쓰려면?

1. '이기는 프레임'을 사용한다.

프레젠테이션할 때 어떤 발표자는 큰 잘못을 한 것이 아닌데도 표현이 잘못돼서 리더에게 심하게 혼나기도 합니다. 발표할 때 부정적 결과의 사실fact만 발표하면, 리더에게 부정적인 모습만을 보여줍니다. 변명처럼 들리지는 않지만 그런 결과가 나온 합당한 이유를 잘 설명해야 합니다. 최선의 결정에 따라 발생한 예상된 결과이고, 대책이 있음을 바로 설명하면 리더는 발표자를 신뢰하게 됩니다. 없는 상황을 만들어 거짓 보고를 하라는 것이 아닙니다. 벌어진 현상이 합당한 노력과 조처를 했어도 어쩔 수 없이 발생한 결과임을 정당하게 보이고, 향후 이것에 대한 대책과 계획을 보여줍니다. 예를 들어 보겠습니다.

A '경쟁사의 월말 저가 판매로 이월 재고 $10만 발생'

B '월말 재고 $10만 발생(이익률 유지 목적, 차 월초 판매 예정)'

일의 결과가 부정적이라 하더라도 B와 같이 '이기는 프레임'으로 표현한다면 리더의 이해는 180도 달라집니다. A는 변명처럼 보일 수 있으나, B는 합리적인 의도를 가지고 결정했다는 인상을 줍니다. 게다가 향후 개선 계획까지 있습니다!

이기는 프레임은, 리더가 어떤 사실에 대해 부정적으로 받아들일 가능성을 처음부터 줄여주는 방법입니다. 문제로 보일 만한 내용을 작성할 때 부정적인 결과보다는 긍정적인 해결책을 내놓겠다는 마음가짐을 갖는 것과 비슷합니다. 부족한 표현으로 인해 불필요하게 지탄받지 않겠다는 생각으로 작성합니다. 항상 이기는 프레임을 사용하려고 노력하면, 오히려 문제 상황에 대한 좋은 대안과 대책까지 함께 수립할 수도 있습니다.

2. 이성과 감성을 동시에 만족시키는 헤드라인을 구상한다.

헤드라인은 이성에만 호소하는 것과 감성과 이성에 복합적으로 호소하는 것, 두 가지로 나눠볼 수 있습니다. 다음 사례로 확인해 보겠습니다.

- 7월 매출목표 110% 달성
    ⇨ 7월 매출목표 110% 달성(미국 법인장의 일 단위 비상 판매관리)
- 7월 생산목표 대비 125% 달성
    ⇨ 7월 생산목표 대비 125% 달성(A사 주문 대응 24시간 3교대로 비상 생산)

단순하게 숫자만 보여주면 목표 달성이 당연하게 느껴지기 쉽습니다. 그러나, 위와 같이 보완해 구체적으로 표현하면 훨씬 강하게 리더의 시선과 감정을 끌어냅니다. 그뿐만 아니라, 지원해 준 모든 사람에게 감사의 마음이 생기게 하는 일거양득의 효과를 얻을 수 있습니다.

3. 실무에 적용되는 헤드라인의 주안점과 예제

- **간결한 내용으로 1~3줄 이내로 작성한다.**

- **단순 제목보다는 핵심을 담는다.**

    - 미국 유통업체 Best Buy 미팅 결과

    ⇨ 미국 유통업체 Best Buy와 '20년 신제품 확대 방안 논의

- **헤드라인만으로 주장의 핵심을 알 수 있게 한다.**

    - '20년 A 판매 비중 확대 추진

    ⇨ A 판매 비중 확대: '19년 63% → '20년 71%(금액 기준)

- **어떻게 문제가 해결되고, 목표에 가까이 가는지 표현한다.**

    - B 제품 불량 원인분석 중

    ⇨ B 제품 불량 발생(QA 분석 중으로 7월 9일 한 최종 결과 확인 예정)

- **잠재적인 사안들을 검토하고, 최고의 선택이라는 확신을 표현한다.**

    - A, B, C 안 검토 결과, B 안 추진 예정

    ⇨ A, B, C 안 중에서 안정성이 높은 B 안 추진 예정

    * 안정성이 중요한 이슈가 되었을 때

- **리더의 입장, 눈높이를 반영한다.**

  - 현 운영 안 대비 혁신성 높은 신규 안 추진 예정

  ⇨ 사장 지시사항 및 혁신성 높은 신규 안 추진 예정

  *보고 받는 리더가 사장의 지시사항에 관심이 높을 때

- **리더가 궁극적으로 원하는 것을 반영한다.**

  - 현 운영 안 대비 혁신성 높은 신규 안 추진 예정

  ⇨ 사장 지시사항 ROI 및 혁신성 높은 신규 안 추진 예정

  *사장 또는 리더가 평소 ROI를 항상 강조하는 상황

- **예상과 다른 반전을 이용해서 허를 찌른다.**

  - 전월 대비 생산량 10% 증가

  ⇨ 품질개선으로 생산량 10% 증가(원가 경쟁력 3.5% 추가 확보)

  *일반적으로 투입을 늘려 생산이 늘어난다고 생각하므로

- **뇌는 구체적인 것에 반응한다. 상세한 이미지로 채운다.**

  - 중국 시장 신규 진입계획 수립 중

  ⇨ 세계 3번째 규모의 중국 시장 신규 진입계획 수립 중

  *세계 1, 2번째 시장에 이미 진입 완료한 경우, 왜 중국 진입인지를 합리적으로 설명

☑ 다양한 이유와 근거로 주장의 신뢰를 높인다

앞에서 헤드라인으로 각 슬라이드의 결론/주장을 표현하는 다양한 방법을 살펴보았습니다. 결론/주장을 정했다면, 다음으로 중요한 것은 다양한 이유와 근거로 해당 결론/주장의 신뢰성을 높이는 것입니다.

'정 대리는 적극적인 사람이다. 회의할 때 항상 자신의 의견을 적극적으로 이야기한다. 그런데 회의의 빠른 흐름 때문에 정 대리의 주장이 토론으로 연결되지 않고, 묻히는 때가 자주 있다. 반면, 김 대리가 의견을 내면 다들 김 대리의 이야기에 동의하거나 다른 의견을 덧붙이면서 주제에 관한 대화를 계속 이어 나간다.

보통은 두 상황이 벌어지는 이유를 잘 모르고 넘어가지만, 조금만 살펴보면 그 원인을 쉽게 알 수 있다. 정 대리가 자신의 주장만을 이야기하는 반면, 김 대리는 주장을 간명하게 이야기한 다음 바로 주장의 신뢰성을 높이는 이유나 근거를 설명한다.'

리더는 어떻게 발표자의 주장에 신뢰를 가질까요? 주장만 하고 믿어 달라고 하면 쉽게 믿어 줄까요! 리더가 발표자의 주장에 믿음을 갖게 하려면, 자신의 주장에 대해 가장 적합한 이유나 객관적인 근거를 찾아서 리더에게 보여주어야 합니다.

그 슬라이드의 핵심 주장인 결론/주장을 헤드라인으로 작성했다면, 다음으로는 적절하고 다양한 이유나 근거를 추가해서 신뢰성을 높입니다. 신뢰도가 높아져야 리더를 좀 더 쉽게 설득할 수 있습니다.

1. 주장은 다수의 객관적 이유나 증거로 설명한다.

손석희 앵커의 '팩트 체크'가 인기 있는 이유를 생각해 보겠습니다. 상대적으로 다른 뉴스는 주장만 열심히 하고, 신뢰성을 높이는 객관적 증거 제시에는 큰 노력을 하지 않습니다. 그 때문에 시청자는 뉴스 내용을 그대로 믿지 않고, 의구심을 갖습니다. 객관적 근거의 중요성을 이야기하는 손석희 앵커의 말을 음미해 봅시다. "사실에 근거하는 주장만이 논리적인 설득입니다." 자료 작성에 적극적으로 참조해야 할 중요한 관점입니다.

2. 주관적 주장을 객관적 논리로 바꾼다.

자신의 주관적 주장이 객관적으로 옳다는 것을 보여주기 위해 다양한 근거를 사용합니다. 다음의 근거를 보여주는 8가시 방법을 참조하고, 신뢰성 높은 프레젠테이션 작성에 활용합시다.

1) 중장기 트렌드/전망/경쟁사 동향을 활용한다.

결론/주장과 관련된 트렌드 분석과 중장기 전망으로 신뢰성을 높이는 방법입니다. 중장기 데이터의 분석 결과, 향후의 트렌드가 이렇게 갈 것으로 예상하니, 우리는 이렇게 대응을 해야 한다고 주장합니다. 또는 시간의 흐름에 따른 시계열 분석 내용과 함께 전망을 예측하여 사신의 주장이 객관적이고 전략적임을 보여줍니다.

다른 방법으로는 경쟁사들의 중장기 동향을 분석하여 보여주고, 대응 전략을 설명함으로써 여러분의 주장이 경쟁사들의 움직임에 대비한 옳은 전략이라는 것을 보여줍니다. 고위 리더는 이러한 트렌드나 장기적/전략적 근거의 제시를 선호하는 편입니다.

2) 주장과 관련된 외부 자료를 인용한다.

주장과 관련 있는 논문, 신문기사, 설문 조사 등의 데이터를 보여주면서 근거를 제시합니다.

3) 다수의 사례를 인용한다.

하나 및 소수의 사례로는 대표성을 주장하기 어렵습니다. 유사 사례가 많다는 것을 보여주어야 신뢰성이 높아집니다.

4) 비교해서 주장한다.

자신의 주장과 비교할 수 있는 내용이나 데이터를 비교 분석해서 자신의 주장이 객관적으로 옳다는 것을 주장합니다.

5) 성공/실패 사례로 증명한다.

주장과 관련된 세상의 성공과 실패 사례를 모아서, 자신의 주장이 성공할 가능성이 크다고 증명합니다.

6) 다수가 참여 검토한 객관적 내용임을 주장한다.

브레인스토밍과 같이 자신의 주장이 혼자만의 생각이 아니라, 믿을 수 있고 자격 있는 다수가 참여한 공동의 생각이라는 것을 보여줍니다.

7) 프레임 워크 또는 문제해결 분석 프로세스를 사용한 합리적 결과임을 보여준다.

앞의 6가지 방법만으로는 이유나 근거를 보여주기 부족한 복잡한 문제나 과제들이 있습니다. 이런 것은 발표자의 주장이 하늘에서 뚝 떨어진 것이 아니라, 잘 알려지고 효과적인 프레임 워크 분석 기법(Pay-off Matrix, BCG Matrix, SWOT 분석, 3C 분석 등등)을 사용해서 합리적인 이유와 근거를 찾아냅니다. 대단위 프로젝트는 디자인씽킹, STP 분석, 6시그마, TRIZ처럼 창의적이고 합리적인 프로세스를 거쳐서 도출한 신뢰성 높은 안이라는 근거를 보여줍니다.

8) 멀티미디어 자료를 인용한다.

제삼자가 만든, 주제와 관련된 멀티미디어 자료도 좋은 근거 자료가 됩니다. 평소에 다양한 멀티미디어 자료들을 관심 있게 보았다가, 필요할 때 관련된 멀티미디어를 검색해서 발표에 인용합니다. 좋은 멀티미디어는 참석자의 집중력을 강하게 끌어당기고, 이해를 도와줍니다. 단, 멀티미디어는 일상의 업무에서는 거의 사용되지 않으므로 적절한 상황에만 한정적으로 사용합니다.

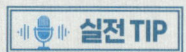

업무용 스마트 슬라이드를 위한 수직논리의 구성과 발표

1. 피라미드 구조의 수직논리를 이용한 작성

가장 간명한 슬라이드 작성 원칙은 앞서 설명한 대로 슬라이드 한 장에 결론/주장-이유-근거를 나열하는 3단계, 또는 결론/주장-이유/근거의 2단계처럼 하나의 수직논리만 적용하는 단일 피라미드 논리 구조를 말합니다. 그렇지만 업무용 슬라이드는 이렇게 단순한 내용이 많지 않습니다. 그래서 단일 피라미드 구조와 함께 그림 2-6 과 같은 2중 피라미드 논리 구조를 가장 많이 사용합니다. 이 이상의 복잡한 다중 구조는 작성하기도, 발표하기도 어렵습니다.

2. 수직논리의 슬라이드를 간단명료하게 발표하는 방법

함축된 좋은 헤드라인(결론/주장)을 사용했다면 참석자는 슬라이드의 내용을 미리 파악합니다. 리더 역시 발표자의 모든 말에 집중하지 않고도 편하게 발표자의 주장과 논리를 따라갑니다. 발표자는 더욱 효과적인 발표를 진행할 수 있습니다.

비대면보고에서도 제목 아래 요약된 결론/주장이 있으면 참석자는 큰 어려움 없이 주장과 내용을 이해할 수 있습니다.

수직논리를 적용해서 만든 자료로 발표할 때에는 가장 먼저, 그 슬라이드의 결론/주장을 이야기합니다. 헤드라인을 고심해서 잘 만들었다면, 참석자는 이미 슬라이드 내용의 50% 이상을 이해합니다. 발표자는 이유와 근거를 차례대로 설명합니다. 처음에 50%를 이해한 참석자는 이유와 근거에 대해서도 발표자의 논리를 이해하며 잘 따라갑니다.

수직논리를 적용하지 않은 자료, 또는 발표 원칙이 없는 자료는 슬라이드의 중간이나 한구석에서부터 발표를 시작합니다. 그리곤 주장을 이야기하다가 다시 근거를 이야기합니다. 이런 식으로 발표를 하면 발표하는 사람에겐 큰 문제가 아닐 수도 있습니다. 그러나 자료가 복잡하거나 조금만 말이 길어져도 중언부언 설명하는 것처럼 들리기 때문에 리더는 집중하지 못하고, 심하면 화를 내기도 합니다.

2층 피라미드 논리 구조

그림 2-6

그림 2-7 은 그림 2-6 과 같은 2중 피라미드 구조를 이용한 슬라이드 작성 예제입니다.

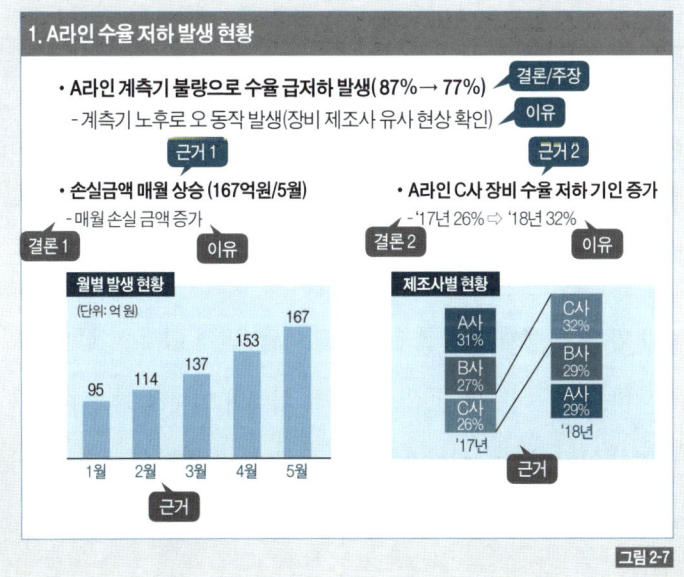

그림 2-7

CHAPTER 4

현업에서 YES를 부르는 스토리 라인은 따로 있다

☑ 현업에서 인정하는 좋은 스토리 라인?

스토리 라인이 좋은 자료는 다음과 같은 네 가지 조건을 충족시킵니다. 첫째, 비대면으로 읽는 상황에서도 결론/주장과 이유, 근거/방법을 궁금증 없이 이해할 수 있어야 합니다. 둘째, 각 슬라이드의 결론/주장이 명확해야 합니다. 셋째, 자료를 읽는 사람이 한 번에 쉽게 이해할 수 있어야 합니다. 즉, 두 번, 세 번 같은 내용을 읽어야 이해가 되거나, 왔다 갔다 하면서 읽지 않아도 이해가 되어야 합니다. 넷째, 모든 슬라이드가 참석자의 관심을 끌고 호기심을 자극하며 집중력을 잃지 않게 만드는 흐름이어야 합니다.

좋은 스토리 라인의 자료 작성을 위한 순서와 핵심

1 표지의 제목만으로 발표 주제(목표)와 자료의 종류(보고, 협조, 기획, 품의)를 이해할 수 있게 한다.

2 최적의 '수평논리12'를 선택하고 그에 따른 각 단계의 제목을 기획한다.

- 집중효과와 적절한 지식의 공백 효과를 만들기 위해 다음 슬라이드를 계속 보고 싶게 호기심을 자극하는 순서로 작성한다.

- '제목 간의 균형13'을 최대한 유지한다.

3 자료의 앞부분에 간단명료한 요약 또는 작성 배경 설명으로 발표 내용의 핵심을 확인하게 함으로써, 사전에 작은 공감대를 형성한다.

4 각 슬라이드의 핵심(결론/주장)을 헤드라인처럼 함축적으로 표현한다.

5 각 슬라이드의 결론/주장-이유-근거/방법의 수직논리를 피라미드 논리의 단일, 또는 이중 구조를 적절하게 적용해서 구성한다.

6 중요한 내용은 확실하게 돋보이게 하거나 시각화로 강조한다.

7 전체적으로 불필요한 것은 버리고 간단명료하게 단순화해서 작성한다. 단, 작성자가 아닌 다른 사람이 읽어도 5W1H가 명확하게 이해 가능해야 한다.

이런 핵심들을 바탕으로 좋은 스토리 라인을 만드는 구체적인 방법들을 알아봅시다.

---

12 P120의 '수평논리' 참조
13 P144의 '제목의 균형' 참조

☑ 스토리를 논리로 만드는 방법 1: 핵심이 누락되지 않게 하는 MECE!

슬라이드에 담을 내용을 결정할 때, 여러 가지 가능성 있는 대안 중에서 최종 안을 선정하는 방법으로 보통은 직감적으로 그때그때 생각나는 것을 선정합니다. 간단한 안건은 이런 방법으로 결정해도 크게 문제없습니다. 그러나, 직감으로는 복잡하고 중요한 주제를 미처 생각하지 못하고 놓치는 경우가 종종 발생합니다. 누락된 중요한 부분을 리더가 지적하며 난처한 질문을 할 가능성도 커집니다. 발표자는 생각해 보지 못했던 내용이므로 당황하게 되고, 이후의 발표 시간을 식은땀으로 채우게 될 것입니다.

이런 누락의 가능성을 줄이는 원리를 MECE^{Mutually Exclusive & Collectively Exhaustive}라고 합니다. 자료에서의 MECE는 '자료의 내용 전체가 서로 중복되는 것이 없고, 전체를 합치면 빠지는 중요한 내용이 없는 것'입니다.

그림 2-8 과 같이 전체 사각형이 보고해야 할 하나의 주제라고 한다면, 나누어진 A, B, C, D, E의 다섯 개 영역이 반드시 검토해야 할 부분들입니다. 이 다섯 개의 영역이 그림과 같이 서로 겹치는 부분이 없고, 누락되어서 자료에서 빠지는 부분이 없어야 합니다.

여기서 의문이 하나쯤 생길 것입니다. 그럼 자료에는 모든 대안을 다 포함해야 하는가? 그리 중요하지 않은 내용까지 다 포함해서 작성하고 발표해야 하는가? 아닙니다! 검토할 때는 누락된 부분이 없도록 전체를 MECE로 나열하고, 작성할 때는 중요하지 않은 내용을 부록^{Appendix}으로 돌리거나 빼야 합니다. 의도를 가지고 뺀 것과 실수로 뺀 것에는 큰 차이

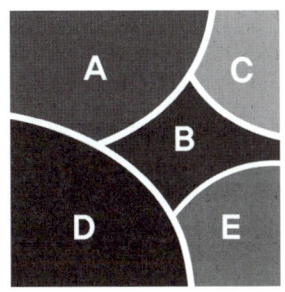

그림 2-8 MECE(Mutually Exclusive&Collectively Exhaustive)

가 있습니다. 의도를 갖고 뺀 부분에 대해서는 발표 도중 질문을 받아도 당황하지 않고 설명할 수 있습니다. MECE의 중요성에 대한 이해를 돕기 위해 직접 추진했던 프로젝트로 설명해 보겠습니다.

'신규사업 프로젝트 중에서 국내 SCM Supply Chain Management의 구축이 가장 복잡하고 어려웠다. 보세 통관, 상점 진열용 포장, 판매 그리고 서비스 주체의 합리적 결정과 물류의 효과적인 연결이 핵심 이슈였다. 그리고 이들을 매끄럽게 연결하는 IT 프로세스를 도입해야 했다. SCM 구축과 비즈니스 프로세스의 복잡성으로 인해 어떤 방법으로 구축하든지 간에 크고 작은 문제들이 있었기 때문이다. 일부 문제들은 거의 해결이 불가능해 보였다.

최적 안에 대해서 확신이 서지 않았다. MECE 기준으로 모든 대안을 검토했다. 총 7개의 복잡한 SCM 모델이 나왔다. 그중에서 3개의 대안을 선정하고, 최적 안 1개를 추진하는 제안 프레젠테이션을 시행해서 재가를 받았나. 불가능하고 복잡해 보이는 프로젝트를 납기 안에 성공적으로 완료했다.

만일, 처음부터 MECE 기준의 7개 대안을 모두 찾지 않고, 2~3가지 안을 가지고 시작했다면 납기 내 구축은 불가능했을 것이다. 또한, 프로젝트를 진행하면서 예측하지 못한 여러 가지 문제가 나타나 우왕좌왕하면서 돈과 시간을 낭비했을 것이다.

특히 7가지를 모두 검토하지 않았다면, 재가를 받는 프레젠테이션에서 최선책을 제안할 자신감도 없었을 것이다. '왜 그렇게 복잡하고 어렵게 구축을 하느냐?'는 질문을 받았다면 확신 있는 대답도, 설득도 할 수 없었을 것이다.'

MECE 개념은 "아! 이런 게 있구나!"하고 느끼고 그냥 넘겨서는 안 될 아주 중요한 개념입니다. 그 깊은 의미와 중요성을 실제 사례 속에서 확실하게 이해했기를 바랍니다. 그럼, 어떻게 하면 발표 내용을 MECE로 구성할 수 있을까요? 가장 기본적인 방법은 그림 2-9 와 같은 로직트리Logic Tree를 사용한 MECE 분석입니다.

중요한 주제를 1단계에서 2~4개 그룹으로 나누고, 필요에 따라 1단계

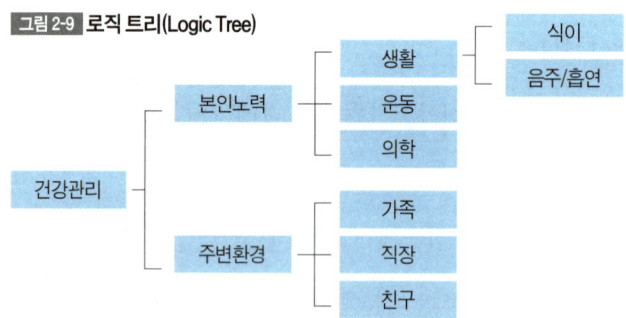

그림 2-9 로직 트리(Logic Tree)

에서 나누어진 각 그룹을 각각 또 다른 그룹으로 2단계로 나누어 가는 것입니다. 이렇게 나누어 가면 마치 나무의 줄기가 여러 갈래로 나누어진 모습처럼 보인다고 해서 로직트리라고 합니다. 이렇게 나누어 내려가면, 중요한 요구Requirement는 거의 다 찾아낼 수 있습니다.

복잡하지 않은 것은 브레인스토밍Brain Storming으로도 충분합니다. 혼자서만 기획하지 말고 여러 사람과 함께 브레인스토밍으로 검토해서 중요 항목이 처음부터 빠지지 않게 만듭니다.

MECE를 적용하기 위해서는 이외에도 4PProduct, Price, Place, Promotion, SWOTStrong, Weak, Opportunity, Threaten, 3CCompany, Competitor, Customer, 4MMan, Machine, Method, Material, KEHKnown, Expected, Hidden 분석 프레임과 같은 다양한 프레임 분석 방법도 있습니다. 프레임 분석은 주제와 상황에 맞는 것을 선택해서 사용합니다.

처음 작성할 때부터 MECE를 만족시키는 기획과 검토를 하는 것도 중요하지만, 발표할 때 자신의 보고가 이런 과정을 거쳐서 MECE로 검토되었다는 것을 알려 리더에게 신뢰감을 주는 것도 중요합니다. 즉, 발표할 때에는 모든 대안을 검토해 그 중에서 최적 안을 선정했다는 믿음을 리더에게 확실하게 심어줍니다.

물론, MECE 기준으로 작성을 했어도 리더의 관심이 폭넓고 다양한 관계로 전혀 예상하지 못한 질문을 받을 수도 있습니다. 그 자리에서 바로 적절한 대답을 할 수 없는 중요한 내용이라고 판단되면, "누락 없이 검토 추진하려 했지만, 그것을 미처 검토하지 못했습니다. 최단 시간으로 조사해서 다시 보고하겠습니다!"라고 솔직하고 당당하게 이야기합니다.

누구나 똑같은 생각을 할 수는 없습니다. 이러한 상황이 발생하면 당황하지 말고 어떻게, 언제까지 대응하겠다는 발표자의 계획과 의지를 확실하게 이야기합니다. 이렇게 당당하게 대응하면, 리더는 오히려 발표자의 역량을 높이 평가합니다.

MECE의 개념에서 오해하지 말아야 할 것은 검토한 모든 내용을 작성하는 것이 아니라 그림 2-10 의 오른쪽 그림과 같이 핵심 메시지만 집중해서 작성하고 발표해야 한다는 것입니다. 도움이 되는 부가적인 내용이 있다면, 간단하게 설명하고 넘어갈 수 있도록 합니다. 친절하게 많이 알려주면 리더가 더 쉽게 이해할 거라 생각할 수 있지만, 너무 많은 정보로 인해 오히려 집중이 어려워집니다.

그림 2-10

많은 사람이 자신의 다양한 성과와 노력을 보여주려고, 또는 자신의 해박한 지식을 자랑하려고 너무 많은 슬라이드를 만들고 있습니다.

"리더에게 큰 의미를 주지 않는 슬라이드는 아깝게 생각하지 말고 과감하게 버립니다."

리더에게 의미 있는 결론/주장으로 표현할 수 없는 슬라이드는 공해와 같습니다. 리더의 집중력과 의지력을 갉아먹는 에너지 좀비입니다. 만일 나중에 필요할 수도 있다고 생각되면, 자료의 뒷부분으로 옮겨서 부록Appendix으로 만듭니다.

현장 Q&A

Q 핵심 메시지만 남기라는 이야기는 많이 들었는데, 핵심 메시지는 어떻게 정해야 하나요?

A 직관적이고 간단명료한 이해를 위해 MECE로 1차 정리한 내용을 주요요구 X라고 표현할 것입니다. 그중에서 리더를 이해시키고 설득하는 데 사용할 필수적인 내용을 핵심요구Critical X라고 정의하겠습니다.
MECE로 주요요구(X)를 우선 정리합니다. 그중에서 발표 자료에 사용할 핵심요구 Critical X만을 선정합니다. 이 핵심요구(결론/주장)의 신뢰성을 높이는 적절한 이유와 근거/방법을 사용해서 논리적으로 각각의 스마트 슬라이드를 작성합니다.

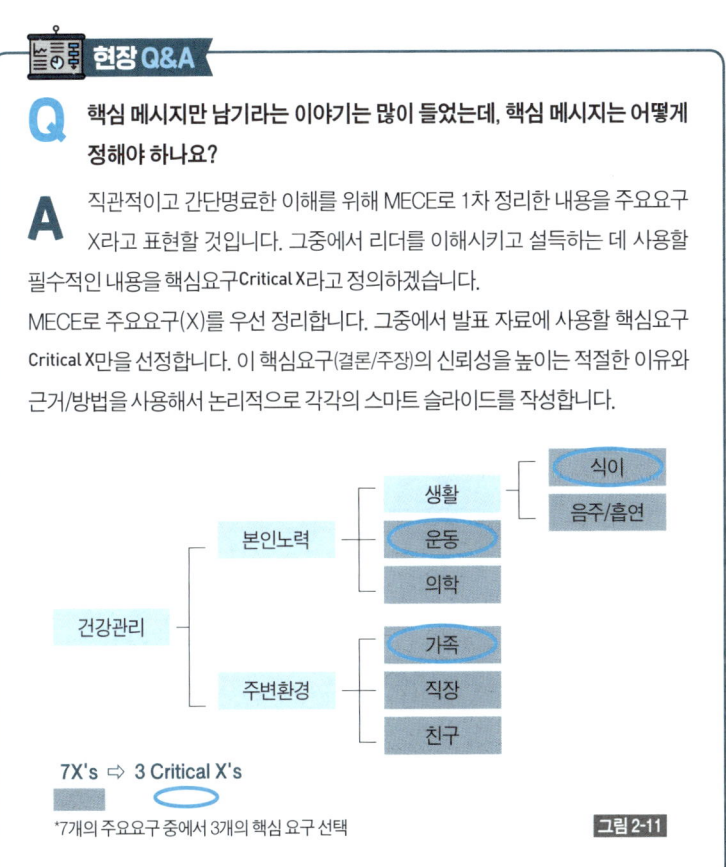

*7개의 주요요구 중에서 3개의 핵심 요구 선택

그림 2-11

☑ 스토리를 논리로 만드는 방법 2:
최적의 '수직논리'와 '수평논리'를 기획한다

앞에서 한 장의 슬라이드에 결론/주장, 이유, 근거를 수직논리로 표현하는 방법을 확인했습니다. 이제부터 전체 슬라이드의 결론/주장과 이유, 근거를 어떤 순서로 배치하면 리더나 참석자를 가장 쉽게 이해시키고 설득할 수 있을지 알아보겠습니다.

먼저, 프레젠테이션 자료의 수직논리와 수평논리를 명확하게 구분해서 이해해야 합니다. 그림 2-12 로 차이를 확인해 봅시다!

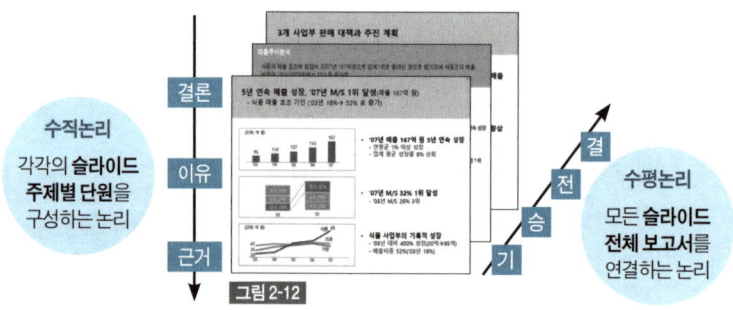

그림 2-12

수평논리는 전체 프레젠테이션 슬라이드를 두괄식, 미괄식 등 특정한 논리의 흐름으로 배열하는 것입니다.

어떤 프레젠테이션은 슬라이드가 간단명료하게 작성되었음에도 내용이 복잡하거나 신뢰하기 어렵게 느껴집니다. 논리적으로 작성하지 않았기 때문입니다.

그뿐만 아니라 주장하는 내용을 이해할 수 없고, 집중하기 어렵게 횡설수설 발표하는 사람이 있습니다. 대개 이들의 가장 큰 문제점은 전혀 논리적이지 않은 슬라이드 혹은 발표 방식에 있습니다. 논리를 제대로 펼치지 못하는 프레젠테이션은 들으면 들을수록 애매하고 궁금함이 많아집니다. 복잡한 퍼즐 게임을 하는 것처럼 발표가 끝나도 머릿속에 완성된 모양이 잘 그려지지 않습니다.

몰입이 잘 되고 이해하기 쉬운 자료의 핵심은 수직논리와 수평논리가 잘 짜인 좋은 스토리 라인의 발표 자료입니다.

☑ 스토리를 논리로 만드는 방법 3: 두괄식 VS 미괄식을 전략적으로 선택하라!

발표 자료 전체의 논리 전개 즉, 수평논리에 대해서 알아보겠습니다. 수평논리는 크게 두 가지 방법으로 나눕니다. 결론/주장을 앞부분에 두고 그 뒤에 이유와 근거들을 전개해 나가는 두괄식이 있습니다. 그리고 장황한 이유나 근거의 뒤에 결론/주장을 위치하는 미괄식이 있습니다.

1. 두괄식 수평논리

두괄식에는 참석자의 주의력을 발표 초반에 빠르게 끌어올리는 힘이 있습니다. 중요한 내용을 초반에 발표하므로 딴생각을 할 틈이 없습니다. 또한, 초반의 결론/주장에 따른 프레임 효과로 인해 참석자들의 집중과 이해가 쉬워집니다. 이 두 가지 효과 때문에 두괄식을 많이 권장하는 것입니다.

두괄식 수평논리의 다양한 방법

- 결 - 기 - 승 - 전
- 결론/주장 - 이유 - 근거/방법(What - Why - How)
- 결론/주장 - 이유 - 근거/방법 - 만약(What - Why - How - If)
- 결론/주장 - 근거/방법 - 이유(What - How - Why)
- 목표 - 실행계획 - 현황과 문제

기업에서 일반적으로 선호하는 수평논리의 전개 방법은 역시 두괄식입니다. 그러나 미괄식은 무조건 좋지 않고, 두괄식 수평논리만 최고의 방법이라는 생각을 주의해야 합니다. 실제와는 전혀 맞지 않는 신화 같은 이야기입니다.

'김 상무는 신사업 프로젝트 추진 재가를 받기 위해 두괄식 수평논리를 적용해서 50장의 슬라이드를 준비했다. 사장님과 주요 경영진을 앞에 두고 두괄식으로 본론의 앞부분에서 바로 신사업을 위해 무엇을 해서 어떤 성과를 낼 것인지 자신감 넘치게 발표했다. 그런데 사장님은 슬라이드를 5장도 넘기기 전에 의심스러운 눈길로 다양한 질문을 해 왔다.
참석자들은 프로젝트의 중요성은 이해하지만, 여러 부문 간의 이해관계에서 발생하는 갈등으로 사업의 당위성에 대해서는 아직도 의문과 걱정이 많은 상황이었다. 때문에 왜 이 사업을 해야 하는지, 어떻게 해야 갈등을 줄일 수 있는지 등 사전에 아무런 공감을 형성하지 않은 채 시작한 김

상무의 뜬금없는 두괄식 발표에 당황한 것이다.'

사례와 같은 상황을 피하기 위해서는 프레젠테이션의 목적과 주제에 대한 참석자의 공감 수준을 먼저 고려해야 합니다. 또한, 과제의 규모, 리스크, 갈등도 생각해야 합니다. 이러한 검토 없이 무조건 두괄식으로 보고하면, 일부 참석자는 발표자의 주장이 위험하거나 뜬금없이 느껴져서 발표 중간에 다양한 질문을 던집니다. 두괄식 자료를 발표할 때에도 핵심 주장을 이야기하기 전에 참석자들에게 배경, 상황, 의도를 간단명료하게 설명을 해서 어느 정도 공감을 이루고 시작하는 것이 더욱 안전합니다.

현장 Q&A

 누괄식 수평논리의 부작용은 이떻게 줄일 수 있나요?

 두괄식 전개는 확실하게 효과적인 주제를 문서나 이메일로 작성할 때 매끄럽게 시작하는 방법입니다.

단, 모든 두괄식 자료는 앞부분에서 간단명료하게 배경, 상황, 의도를 설명해야 합니다. 공감 형성을 위해 사용할 분량은 이메일이라면 1~3줄 정도로 충분합니다. 프레젠테이션 발표 자료는 슬라이드 한 장에서 두 장 정도로 1~2분 이내의 발표 분량이 좋습니다. 이렇게 짧고 간명한 공감 형성의 내용 이후, 발표의 핵심인 결론/주장의 내용을 바로 배치합니다.

2. 미괄식 수평논리

미괄식 수평논리 전개는 상세한 이유나 근거로 사전에 깊은 공감대

형성이 반드시 필요한, 민감하거나 복잡한 주제에 주로 사용합니다. 업무의 실제 진행단계에 따라서 발표해야 하는 상황에도 미괄식을 사용하기도 합니다. 단계적으로 참석자의 생각이 발표자의 주장에 점점 가깝게 초점을 맞추도록 하는 주제에 적합합니다.

미괄식 수평논리 전개의 다양한 방법

- 기 - 승 - 전 - 결

- 이유 - 근거/방법 - 결론/주장(Why - How - What)

- 이유 - 결론/주장 - 근거/방법(Why - What - How)

- 서론 - 본론 - 결론(순차플롯)

- 문제제기 - 해결방안 - 예상효과(해결플롯)

- 배경 - 현황파악 - 문제도출 - 대책수립 - 실행계획(진행단계)

미괄식으로 발표하는 것이 적절해 보이는 주제라도 위험은 항상 있습니다. 일부 마음이 급한 리더는 초반부터 핵심을 듣고자 질문을 계속 쏟아 냅니다. 이로부터 안전해지기 위해서는 발표 초반에 다음과 같이 참석자의 기대와 질문을 제한합니다. "주제의 복잡성과 부문 간의 다양한 갈등 문제로 인해 저의 결론/주장은 뒤에서 이야기할 계획입니다. 성급한 결론보다는 이해하기 위해 집중해주시기를 요청 드립니다. 질문은 발표가 끝나고 받을 예정입니다." 상황에 따라 수위를 조절해서 이런 방식으로 제한합니다.

좋은 스토리 라인을 위한 기획에는 절대적인 원칙은 없습니다. 두괄식, 미괄식 모두 각각의 장단점이 있습니다. 두괄식의 신화에 얽매이지 말고, 두괄식과 미괄식의 장단점과 실제 상황을 고려해서 최적의 수평논리 전개 방법을 선택해서 사용합니다.

☑ 스토리를 논리로 만드는 방법 4: 집중과 관심을 끌어올리는 '해결플롯'

발표 자료에서 주로 사용하는 미괄식 전개를 좀 더 깊게 나누면 순차플롯과 해결플롯이 있습니다. 일의 진행 순서나 시간의 흐름에 따라 작성하는 것이 순차플롯입니다. 대표적인 순차플롯 흐름이 '기승전결', 또는 '근거/방법 – 이유 – 결론/주장'입니다. 순차플롯은 강조 의도의 프레임 효과가 부족한 전개로 인해 상대적으로 단조롭게 느껴집니다.

해결플롯은 이슈의 심각성을 발표의 앞부문에서 강하게 강조합니다. 문제제기 ⇨ 해결방안 ⇨ 예상효과의 흐름으로 작성하여, 핵심 주장의 중요성을 반드시 알리고 설득하겠다는 발표자의 의지를 반영한 전개입니다.

그러므로, '단순공유'를 목적으로 하는 발표는 주로 순차플롯의 미괄식 수평논리를 사용하고, '협의/설득' 목적의 발표는 해결플롯으로 작성합니다. 해결플롯은 미괄식에 가깝지만, 두괄식과 같이 초반에 참석자의 집중력과 관심을 끌어올리는 효과가 높습니다.

다시 말해, 단순한 정보의 공유가 아니고 깊은 공감과 설득을 하고자 할 때는 해결플롯을 권장합니다. 순차플롯의 자료에서 처음부터 결론/

주장의 중요성 또는, 문제의 심각성을 좀 더 강하게 강조하고 싶다면 해결플롯으로 작성하면 됩니다. 해결플롯은 이해의 흐름도 강하고 좋으므로 기획과 발표도 쉽습니다.

단, 해결플롯이 어울리지 않는 주제가 있습니다. 문제가 발생했는데 아직 해결책이나 계획이 없는 것은 두괄식을 사용합니다.

그림 2-13

어떤 발표 자료도 다양한 수평논리를 적용해서 작성할 수 있습니다. 그림 2-13 은 세 가지 대표적인 수평논리 전개 방법을 참조할 수 있도록 간단하게 제목의 순서를 바꿔서 보여주는 그림입니다.

각각의 제목의 순서를 비교해 봅시다. 특히, 해결플롯에서 문제제기의 제목은 순차플롯의 근거/방법보다 좀 더 심각하게 표현했습니다. 순차플롯에서는 단순하게 "퇴직현황"이라 표현했지만, 해결플롯에서는 "퇴직현황과 문제점"이라고 표현해서 제목부터 문제를 강하게 부각했습니다. 내용 또한 제목에 부합하면서 심각성/중요성이 강하게 피부로 느껴지도록 작성합니다.

> 인정받는 심화 스킬

One Page Report (한 매 보고서) 원리의 발표 자료

One Page Report(이하 OPR)는 주로 워드 문서로 작성합니다. 그러나, 상황에 따라 슬라이드 문서를 사용해서 프레젠테이션으로 활용하는 곳도 많이 있습니다. OPR의 효과적인 작성법을 심도 있게 사용하기 위해서 워드 형의 OPR에도 함께 적용할 수 있는 방법을 먼저 확인해 보겠습니다.

OPR은 한 장으로 만든다는 원칙에서는 효율적으로 보이지만, 실무자들은 여러 장을 작성하는 것보다 훨씬 더 어려워하기도 합니다. 세 마리 토끼를 한 번에 잡아야 하기 때문입니다. 한 장에 여러 가지 내용을 압축하고, 이해하기 쉽고, 간단명료하게 작성해야 합니다. 실제 스마트 슬라이드 여러 장을 만드는 것보다 작성과 수정에 훨씬 많은 시간이 걸리고 복잡합니다. 복잡성과 함축성으로 인해 읽는 시간도 길어집니다.

이런 어려움에도 불구하고 많은 기업이나 리더가 실질적 또는 상징적 장점을 이유로 OPR의 사용을 의무화하기도 합니다. 그러므로, 이러한 작성의 어려움을 최대한 줄이는 방법을 알아보겠습니다.

OPR은 크게 두 가지로 나눌 수 있습니다. 한 장의 보고서에 하나의 핵심주제만 담는 보고서와 한 장에 여러 가지 주제가 있는 보고서가 있습니다.

1. 하나의 주제만으로 작성하는 OPR

하나의 주제만으로 작성하는 OPR 보고서의 핵심은 한 장이지만 수직논리와 수평논리를 모두 고려해서 작성하는 것입니다. 한 장이기 때문에 처음부터 관심과 집중력을 올리는 두괄식이나, 미괄식-해결플롯의 사용을 추천합니다. 다음과 같은 순서로 주요 내용을 작성합니다. 그림 2-14 를 참조합니다.

1) OPR의 제목은 보고 내용의 핵심과 보고 종류를 함께 담아낸다.
2) 보고 배경과 핵심 메시지를 담은 1~2줄의 요약으로 사전에 약간의 공감을 형성한다.
3) 적합한 수평논리를 선택한다.
   - 집중효과가 높은 두괄식 또는 미괄식-해결플롯 권장
4) 선택한 수평논리에 따라서 최대한 '제목의 균형[14]'을 유지하도록 각각의 제목을 기획한다.
   - 각각의 제목은 OPR 지면의 제약으로, 그림 2-14 오른쪽 예제와 같이 단순 목차 대신에 각 수직논리의 결론/주장에 해당하는 내용의 헤

---

[14] P167의 '제목의 균형' 참조

드라인을 사용하는 것도 좋은 방법이다.

단순 제목 사용 사례	제목에 수직논리의 결론/주장 함축한 사례
A라인 생산 멈춤 원인과 대책 보고 작성자: ○○○설비팀 2020. 5. 17 **A라인 스톱**으로 생산에 차질 발생으로 **S사 공급 부족** 발생하였기에 현황과 대책을 보고 합니다. **1. 문제 발생 현황** - ○월 ○일 A장비 스톱 - ○○ 장비이상 기인 **2. 문제 해결 방법** -1안) ○○ 장비 노후 부품 -2안) XX신규 장비로 교체 **3. 장비교체 기대 효과** - 생산 안정화 예상 - A, B, C의 추가 효과 기대 **제발 방지**를 위해 신규 장비에 대해서는 공급사에서 분기당 1회 점검 실시 합의	**A라인 생산 멈춤 원인과 대책 보고** 작성자: ○○○설비팀 2020. 5. 17 **A라인 스톱**으로 생산에 차질 발생으로 **S사 공급 부족** 발생하였기에 현황과 대책을 보고 합니다. **1. 문제 발생 현황**(○월 ○일) - ○○ 장비이상 기인 **2. 2가지 안의 문제 해결 방법 검토 중** -1안) ○○ 장비 노후 부품 -2안) XX신규 장비로 교체 **3. 생산 안정화 및 다양한 효과 기대** - A, B, C의 추가 효과 기대 **제발 방지**를 위해 신규 장비에 대해서는 공급사에서 **분기당 1회 점검 실시 합의**

그림 2-14

5) 결론/주장의 제목 바로 아래에 이유, 근거의 내용을 작성한다.

 - 객관적 근거로써 도형, 사진, Table, 그래프 등을 필요에 따라서 간명하게 사용한다.

6) 끝으로, 전체 내용의 요약이나 요청사항, 납기 등의 강조내용을 간단하게 정리한다.

전체적으로 강조해야 할 중요한 내용은 굵은 체, 붉은색 등의 강조 색 또는 밑줄을 적절하게 사용합니다. 특히, 요청사항이나 실천 사항Action Item이 있으면 명확하게 눈에 띄도록 강조 구분합니다.

2. 여러 개의 독립된 주제로 작성하는 OPR

이런 보고서는 수평논리는 중요하지 않고, 가장 중요한 내용을 가장 먼저 쓰는 방식으로 작성합니다. 그림 2-15 와 같이 안건마다 헤드라인화 한 제목을 포함해서 결론/주장-이유-근거/방법의 3단계나 2단계의 수직 논리로 내용을 작성합니다.

```
주간 업무 보고
                        작성자: ○○○설비팀
                            2020. 5. 17
1. A라인 생산 멈춤 현상 원인 파악과 해결완료
 - ○○ 장비이상 기인, XX신규 장비로 교체 추진 중
 - 기존 장비는 재활용을 위해 타 라인 이관 완료

2. 차월 품질 경영 발표회 발표 자료 작성완료
 - 품질경영팀 사전 리뷰 위해 제출 완료('20.05.15)
 - 2주일 이내 Feedback 접수 예상

3. 신입사원 27명 직무 교육 실시 중(4.14~6.10)
 - A라인 연수 실에서 새내강사에 의해 1급 수준 교육
 - 신규 장비 관리 기술 교육 포함

4. 차주 주요 예상 업무
 - 장비 공급 사와 재발 방지 대책회의 진행
 - 불량 샘플 분석 결과기준 긴급 대응 안 수립 예정
```

그림 2-15

• **프레젠테이션 슬라이드 형태의 OPR 작성**

OPR을 슬라이드로 작성해서 비대면보고 혹은 필요 시에는 회의나 발표에도 사용할 수 있게 하는 방법입니다.

하나의 주제만으로 작성하는 OPR을 예로 들면 그림 2-16 과 같은 형태로 작성할 수 있습니다. 각 기업과 조직문화에 잘 어울리는 방법을 선택해서 사용합니다.

- **A라인 스톱 및 생산 차질 현황과 대책 긴급 보고** 작성자 :OOO/설비팀 2020.5.17

- **A라인 스톱**으로 생산에 차질 발생으로 **S사 공급 부족 발생**하였기에 현황과 대책을 보고 합니다.

  1. **발생 현황**
     - O월O일 A라인 스톱
     - OO 장비 이상 기인

  2. **해결 방법**
     - 2가지 안 검토 중
       - 1안) OO 장비 노후 부품..
       - 2안) XX 신규 장비로 교체

  3. **예상 효과**
     - 생산 안정화 예상
     - A,B,C의 추가 효과 기대

- **지원 요청사항**
  - 신규 장비 도입 위한 긴급 출장 재가 요망

- **향후 계획**
  - 재발 방지를 위해 신규 장비에 대해서는 공급사에서 분기당 1회 점검 실시 합의

CHAPTER 5

이해가 빨라지고, 발표가 쉬워지는 시각화

이 책에서는 짧은 시간에 효과적으로 작성할 수 있는 업무용 슬라이드에 적합한 주요 개념과 시각화 방법에 대해서만 간략히 설명할 계획입니다.

☑ 다양한 방법으로 시각화한다 - 다양성

'라스베이거스의 베네치아 호텔에서 수백 명의 청중 앞에서 영어로 당사의 e-Business 추진 현황과 방법에 대해서 발표했었다. 영국 주재원까지 했었지만 원어민 수준의 영어 실력이 아닌 나로서는, 많은 사람 앞에서 전문적이고 복잡한 내용을 영어로 발표하는 것이 큰 부담이었다.
고민 끝에, 표현이 부족하더라도 청중이 발표 내용을 최대한 쉽게 이해할 수 있도록 많은 부분을 시각화해서 작성하고 발표를 했다. 걱정했던

40분간의 발표가 끝났다. 청중들의 박수 소리가 크게 들려 왔다. 몇 명은 내게 찾아와서 어느 누가 발표한 것보다 잘 이해했고 도움이 많이 됐다 며 고맙다는 인사를 전하기도 했다.'

어렵고 복잡한 내용 앞에서 우리의 집중력은 쉽게 흐트러집니다. 그렇다면, 복잡하고 어려운 자료를 어떻게 하면 쉽게 표현할 수 있을까? 가장 대표적인 방법이 바로 앞의 사례와 같은 '자료의 시각화'입니다.

시각적 완성도가 높은 프레젠테이션 슬라이드는 청중에게 좋은 첫인상을 심어줍니다. 그러므로 자료를 작성할 때는 내용과 함께 시각적 구성에도 큰 비중을 두어야 합니다. 글보다는 시각화한 이미지가 청중의 집중도와 이해도를 높여주기 때문입니다. 그러나 디자이너의 자질이 필요한 것은 절대 아닙니다.

시각화에는 그림, 사진, 도표, 도형, 영상 미디어, 모형, 시물 그리고 시각적 변화와 시각적 강조 등이 포함됩니다. 또한, 광의의 시각화 방법으로는 내용의 구성을 시각적으로 최적화하는 배치, 내용을 구조화하는 2X2 매트릭스 등의 프레임 워크의 사용, 시각적으로 슬라이드를 단순하게 작성하는 단순화가 있습니다.

글자로 가득 찬 발표 자료는 참석자를 피곤하게 합니다. 글자는 꼭 필요한 내용만 짧게 사용하고, 근거 자료, 예제 등은 가능하다면 다양하게 시각화합니다.

미네소타 대학의 연구에 의하면 자료를 문자나 숫자로만 표현하지 않고 도형화하면, 사람들의 집중력이 높아지고 설득력은 43% 향상된다고 합니다. 참석자들의 기억력이 5배 이상 좋아진다는 펜실바니아 대학의 연구 결과도 있습니다. 그러므로 복잡한 내용일수록 어떻게 하면 더욱 쉽고 간단하게 시각화할 수 있을까 생각해서 자료를 만드는 의지와 노력이 중요합니다.

☑ 보자마자 이해할 수 있게 시각화한다 - 직독성

발표자는 슬라이드에서 강조하고자 하는 내용을 참석자가 한눈에 빠르게 찾을 수 있게 해야 합니다. 이것을 직독성直讀性이라고 합니다.

직독성을 높이기 위해서는 강조하고자 하는 핵심 내용에 색, 굵기, 크기, 밑줄 등으로 시각적인 차이를 만들어 주고, 복잡한 내용은 간단하게 도형화하거나 구조화된 프레임 워크 등을 사용합니다. 그렇다면 예시를 통해 직독성을 높이는 방법을 알아보겠습니다.

- 중요 내용은 글자 크기의 확대, 밑줄, 또는 다른 색을 사용해서 강조한다.

> • 중요한 내용은 반드시 시각적으로 강조하라 (X)
> ⇨ **중요**한 내용은 반드시 **시각적**으로 강조하라 (O)
>
> 그림 2-17

- 핵심 내용은 다른 내용보다 더 눈에 띄게 작성한다.
- 표Table는 최대한 단순하게 만들고, 중요 Data만 색, 굵기 등으로 차이를 만들어 강조한다.

	'18	'19	'20
월별 건수	14	5	2
%	7%	3.4%	1.5%

그림 2-18

- 단순한 Data의 나열이 아닌, 보여주고 싶은 차이나 변동량을 미리 계산해서 숫자로 표현한다. 참석자는 직접 계산하지 않고도 바로 차이를 확인할 수 있다.

	A	B	C	D
2019	80	100	89	81
2018	70	99	93	81

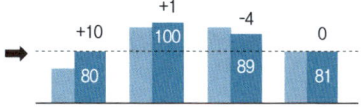

그림 2-19

- 의미가 큰 것은 더욱 크게, 또는 더욱 진한 색으로 표현한다.
- 단순한 숫자의 나열이 아니라 비교할 수 있는 데이터를 함께 표시해서 그 숫자의 의미가 얼마나 잘하거나 못한 것인지, 또는 얼마나 많거나 적은 것인지의 발표자의 주장을 보여준다.
  - OOO 사고 '20년 총 13회 발생 (X)
  - OOO 사고 '19년 (10회/년) 대비 '20년 (13회/년) 130% 증가 (O)
- 복잡한 내용은 글자보다는 간단한 그림이나 도표로 보여준다.
- 2X2 매트릭스 등의 도형화된 프레임 워크도 주장과 분석을 시각화해서 보여줄 수 있는 훌륭한 방법이다.
- 그래프는 여러 개를 겹치지 않고, 한 개에 하나의 메시지만 담아낼 수 있도록 작성한다.

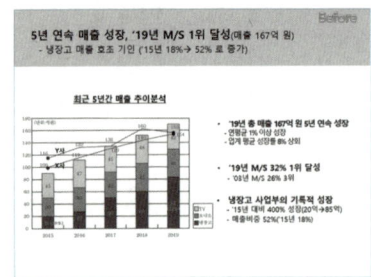 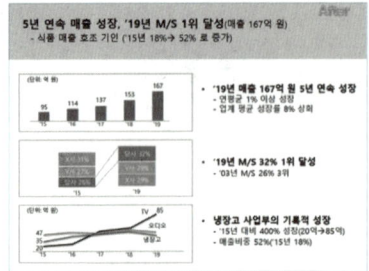

그림 2-20

그림 2-20 의 왼쪽 슬라이드 속 그래프는 프레젠테이션에서 흔히 볼 수 있는 형태입니다. 하나의 그래프에 3가지 근거를 모두 담아내려다 보니 복잡해 보입니다. 가볍게 생각하면, 메인 그래프 위에 2개의 그래프를 추가하는 것이 그리 어렵지 않은 일처럼 보일 수도 있습니다. 그러나 3개의 그래프가 각각 다른 스케일scale과 단위를 보인다면 직독성을 높이기 어렵습니다.

다중 그래프의 직독성을 높이고 싶다면, 오른쪽 슬라이드의 그래프를 참조할 수 있습니다. 오른쪽 그래프는 각각의 그래프를 하나씩 보여줍니다. 그래프를 그리는 시간을 단축할 수 있고, 설명과 이해도 훨씬 쉬워집니다. 또한, 빠르고 쉽게 수정 가능하다는 장점도 있습니다.

☑ 다 버리고 핵심을 드러낸다 - 단순화

단순화란, '핵심만 강조하고 나머지는 최대한 버리는 것'입니다. 자료를 만들다 보면, 잘하고 싶은 욕심으로 인해 내용이 점점 늘어납니다. 그러나 자료가 복잡하면 참석자는 이해를 위해 더 많이 노력해야 하기에 피곤해지고, 이해도는 현저히 떨어집니다.

그러므로 발표자는 불필요하게 복잡해지지 않도록 경계하며 자료를 작성해야 합니다. 제삼자의 관점에서 반복적으로 검토하면서 욕심을 줄이고 최대한 단순하게 만듭니다. 이것은 스마트 슬라이드 작성의 최대 필요조건이기도 합니다.

자료가 단순하면, 발표자가 발표하기 쉽고 참석자는 발표 내용을 쫓아가기 쉬워집니다. 물론, 자료의 단순화가 이뤄지면 직독성도 함께 높아집니다.

- 비대면보고로 읽어도 쉽게 이해되는 수준이면 핵심이 아닌 부차적인 내용은 과감히 버린다.
- 공인된 약어만 사용하고, 처음에는 '전체 단어(약어)' 형식으로 표시하고 그다음부터는 약어만 사용한다.
- 외부 대상의 발표 자료는 자기 조직만의 전문용어를 모두가 이해하기 쉽게 풀어서 사용한다.
- 복잡한 설명은 직관적인 비유를 사용하는 것도 좋다.
- 발표 자료의 색, 도형, 폰트의 수를 최소 3~4개 미만으로 제한한다.
- 슬라이드 배경으로는 흰색을 사용한다.
- **그림 2-21**의 왼쪽 도형과 같이 색을 다양하게 사용하지 않고, 오른쪽과 같이 한 가지 색상에 채도나 명도를 조절해 사용한다. 중요한 부분은 더 진한 색으로 표현한다.

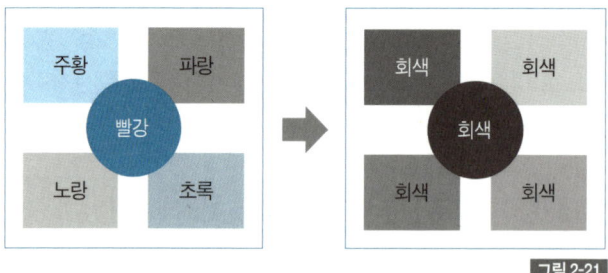

그림 2-21

실전 TIP

인포그래픽, 아트클립은 어떻게?

인포그래픽은 인포메이션 그래픽스 information graphics의 줄임말로, 도형을 최대한 간단하게 만들어 의미하는 바를 직관적으로 알 수 있게 만든 그림을 말합니다. 와 같이 정보, 데이터, 지식을 시각적으로 표현해 설명 없이도 빠르고 쉽게 이해할 수 있습니다.

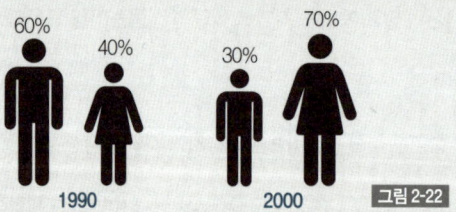

그림 2-22

많은 프레젠테이션 교재가 인포그래픽의 사용을 적극적으로 권장하고 있습니다. 이 또한 기업의 현실과 매우 달라서 현장에서 혼란을 겪게 만드는 오해 중 하나입니다. 경쟁용, 강연용 프레젠테이션에서는 슬라이드의 주목도를 높이는 중요한 역할을 하므로 인포그래픽의 사용이 절대적입니다.

그러나 업무용 프레젠테이션에서 인포그래픽을 반드시 써야 할 상황은 많지 않습니다. 업무용에서는 인포그래픽을 많이 사용하면 내용보다 장식에 더 노력을 기울인 듯한 느낌을 줍니다. 과하면 역효과가 날 수 있으므로 꼭 필요한 내용에만 사용합니다.

만일 인포그래픽의 사용이 단순화와 직독성에 도움이 된다면, 굳이 시간과 노력을 들이지 말고 인터넷의 무료 소스를 찾아 사용합니다.

슬라이드를 장식할 때 인포그래픽처럼 활용하는 것 중 하나가 바로 아트클립입니다. 그러나 요즘은 촌스럽고 과잉 장식으로 여겨져 업무용에서는 거의 사용하지 않습니다.

기업은 생산성, 효율성, 창의성이 가장 중요한 곳입니다. 필요 이상으로 예쁘고 멋있는 업무용 슬라이드는 리더에게 노력 과잉으로 비친다는 것을 기억하길 바랍니다.

CHAPTER 6

놓치면 안 되는
디테일 체크 리스트

☑ 완벽한 디테일로 신뢰감을 높인다

1. 작은 오류를 경계한다.

- Table의 단위Unit를 누락하거나, 슬라이드별로 다른 단위K$, M$의 사용을 최대한 피합니다.

- Table 내의 숫자, 합계의 오류를 피하고자 가로 세로를 합산해선 전체의 정확도를 항상 맞춥니다. 또는, 제삼자에게 검증을 요청해서 360° 검증하는 습관을 들입니다. 혼자서 몇 번을 검증해도 발표할 때 잘못된 계산을 발견해 당황스러운 상황이 자주 발생합니다.

- 기존 보고 자료를 수정 작성한 프레젠테이션의 표지, 머리글, 또는 바닥 글에 있는 일자, 작성자 이름과 부서명 같은 세세한 것들도 반드시 확인 수정합니다. 간혹, 예전 작성일이나 부서명 등이 수정되

지 않은 채 발표현장에서 자주 발견되기도 합니다.

2. 주요 표기법은 한 가지 기준에 맞춰 작성한다.

날짜, 로마자 표기, 숫자 단위 등을 슬라이드마다 다르게 사용하면, 참석자나 발표자 모두 혼란스럽습니다. 그러므로 아래와 같이 표기 원칙을 세워서 모든 슬라이드의 표현을 통일해서 작성합니다.

- **글자** 한글로 통일하고, 필요하면 영어나 한문은 괄호 안에 표기
- **숫자** 아라비아 숫자로 통일
- **날짜** 숫자로 표기하되 년, 월, 일의 글자는 생략하고 마침표를 사용

  (예 2020.5.20 또는 '20.5.20)

- **시간** 24시간 형태의 숫자로 표기

  (예 오후 3시 30분 → 15시 30분)

- **특수 용어, 과거 사항 등의 별도 설명** 괄호 또는 주석을 사용

3. 오타는 자료의 이미지를 악화시킨다.

잘 작성된 스마트 슬라이드는 오타가 없어야 합니다. 전략적이고 직독성이 높은 슬라이드를 만들었어도 여기저기 오타가 많이 보인다면, 자료의 신뢰성이 떨어집니다. 한글을 매일 사용해서 꽤 익숙하고 잘하는 것 같지만, 맞춤법과 문법은 계속 변해 왔기에 완벽하게 지키기란 매우 어렵습니다.

일반적으로 MS의 한글 맞춤법 검사 기능으로 대략 90% 정도는 검사가 되지만, 그 완성도는 많이 떨어집니다. 그러므로 중요한 발표 자료는 전문적인 맞춤법 검사 프로그램으로 자료 전체를 100% 검토하고 수정합니다. 이렇게 해야만 오타에 민감한 일부 참석자를 만족시킬 수 있습니다. 발표자 역시 발표 중 오타를 발견하면 순간 당황해 발표의 리듬을 잃기도 합니다.

☑ 명확하고 매끄럽게 읽히는 문장을 사용한다

명확하고 매끄럽게 잘 읽히는 문장의 기본은 관련 내용을 잘 모르는 사람이 읽는 상황을 기준으로 합니다. 업무용 자료의 글에서 주로 발견되는 중요한 문제 세 가지만 강조하겠습니다.

첫째, 장황하게 길게 늘여 쓴 문장입니다. 단, 간단하게 쓰더라도 문맥상 5W1H를 명확하게 파악할 수 있어야 합니다. 문장의 길이는 길어도 한 줄 반 이상을 넘지 않는 것을 권장합니다.

문장이 길어지면 읽는 사람은 주어, 목적어, 술어를 작성자의 의도와는 다르게 여기저기 마음대로 붙이면서 읽습니다. 즉, 작성자의 의도와는 많이 다르게 해석할 수 있습니다. 누가, 무엇을, 언제, 어떻게 한다는 것을 명확하게 이해할 수 없습니다.

둘째, 주어와 서술어가 연결되지 않는 문장입니다. 문장이 길면 해석은 더욱 어려워집니다. 글을 읽는 사람은 문맥을 확인하며 반복해서 읽어야 작성자의 의도를 파악합니다. 심하면 끝까지 이해를 못 할 수도 있습니다.

셋째, 주어가 없는 문장입니다. 뭔가를 하는 사람이 도대체 누구인지, 읽는 사람은 전혀 감을 못 잡을 수도 있습니다. 그러므로 누구나 명확하게 주어를 알 수 있는 내용이 아니라면, 반드시 주어를 사용합니다.

위의 세 가지 문제와 더불어 슬라이드형 발표 자료를 작성할 때 잊어선 안 될 작문 방법과 함께 올바른 문장을 살펴보겠습니다.

1. 주어와 서술어를 맞춰서 쓴다.

- 생산 1팀 장비업체와 미팅 추진될 예정 (X)
- 생산 1팀 문제해결 위해 장비업체와 미팅 추진 예정 (O)

2. 주어를 누구나 명확하게 알 수 있게 사용한다.

- 장비업체와 미팅 추진 예정 (X)
- 생산 1팀 장비업체와 미팅 추진 예정 (O)

3. 서술어의 시제를 명확하게 표현한다.

- 생산 1팀 장비 검사 실시 (X)
- 생산 1팀 장비 검사 실시 예정 (O)
- 생산 1팀 장비 검사 실시 완료 (O)

4. 주어를 사물로 하지 않고, 능동형의 문장을 사용한다.

- 장비 검사가 실시 될 예정 (X)
- 생산 1팀 장비 검사 실시 예정 (O)

5. 가능하다면 '언제'를 명확하게 표현한다.

- 생산 1팀 장비 검사 실시 예정 (X)

- 생산 1팀 장비 검사 실시 예정(7월 10일 이전) (O)

☑ 수평논리를 전개하는 '제목의 균형'을 맞춘다

수평논리를 전개하는 제목의 무게 균형을 이해하기 위해서 그림 2-23 의 왼쪽과 오른쪽 예제의 1, 2, 3 제목의 차이를 먼저 확인해 보시기 바랍니다.

```
1. 문제 발생 현황
 - O월 O일 A라인 스톱
 - OO 장비 이상 기인
2. 문제 해결 방법
 -1안) OO 장비 노후 부품
 -2안) XX 신규 장비로 교체
3. 생산 안정화 예상
 - A, B, C의 추가 효과 기대
 - 수율 안정 기대
         (X)
```

```
1. 문제 발생 현황
 - O월 O일 A라인 스톱
 - OO 장비 이상 기인
2. 문제 해결 방법
 -1안) OO 장비 노후 부품
 -2안) XX 신규 장비로 교체
3. 장비교체 기대 효과
 - 생산 안정화 예상
 - A, B, C의 추가 효과 기대
         (O)
```

그림 2-23

왼쪽의 제목 3은 '생산 안정화 예상'으로 '1. 문제 발생 현황', '2. 문제 해결 방법'에 비해 하위 단계인 세부 내용으로 표현되었습니다. 이것을 오른쪽 예제와 같이 '3. 장비교체 기대효과'로 바꿔서 표현하면 각 제목 간의 균형이 좋아집니다.

자료 작성의 효율성만 따진다면 심각한 문제는 아니지만, 이런 불균형에 대해 민감한 리더도 있습니다. 가능하다면 각 제목 간의 무게 균형을 맞춥니다.

☑ 작성단계의 리허설을 반드시 실행하자!

'작성단계의 리허설'은 실제로 작성의 모든 단계에서 무의식적으로 일어나고 있습니다. 작성단계 리허설의 핵심은 각 슬라이드의 발표 전략을 생각하며, 실제로 발표하는 것처럼 머릿속으로 리허설을 하면서 자료를 작성하는 것입니다. 작성단계의 리허설이 자료의 구성을 더욱 탄탄하게 만드는 데 중요한 역할을 합니다.

이렇게 작성단계의 리허설에서 마무리가 잘 된 슬라이드와 흐름이 잘 짜인 탄탄한 스토리 라인의 구성은 실제 발표에서 막강한 힘을 발휘합니다. 다음의 체크 리스트로 점검하면서, 마음속에서 진짜로 발표하듯이 리허설을 해 봅시다!

1. 각 슬라이드 결론/주장이 무엇이며, 너무 많지는 않은가?
2. 내용이 복잡해서 설명하거나 이해시키기 어렵지는 않은가?
3. 슬라이드의 내용을 어떤 순서로 발표할 것인가?
4. 참석자가 생각하기에 그 순서와 설명은 논리적인가?
5. 슬라이드에서 반드시 강조하고 이해시켜야 할 주요 내용은 무엇인가?
6. 발표 자료 전체의 수평논리 전개는 효과적인가?
7. 각 슬라이드 간의 연결은 자연스럽고 논리적인가?

실전 사례

사례로 실습하는
업무 프레젠테이션 기획과 작성

미션: 패러글라이딩 신사업 도입을 검토하라!

지금까지 함께 알아본 내용을 가상 사례와 함께 정리해보고자 합니다. 여러분도 함께 작성해보세요.

파트1에서 KEH 분석 프레임으로 리더 관점에서의 요구Requirement를 찾아서 대응하는 원리를 학습했습니다. 이제 가상의 신사업 기획 사례를 이용해서 앞에서 학습한 내용을 종합적으로 활용해 보겠습니다. 즉, KEH 분석을 중심으로 헤드라인, 논리의 스토리 라인, 시각화 등의 주요 내용을 함께 적용해서 실제 업무에서 활용할 수 있는 스마트 슬라이드를 작성하겠습니다.

보고 읽는 것만으로는 한계가 있지만, 다음과 같은 원리와 방법으로 기획한다면 어떤 기획서나 보고서도 바로 시작할 수 있습니다. 문제해결, 업무개선, 장비 및 신기술 도입 프로젝트와 같은 다양한 업무에도 적용 가능합니다. 실제 업무자료를 기획할 때에는 실습 내용을 응용해서 큰 방향을 잡은 다음, 적절한 시간과 자원을 투입하면 완성도 있게 마무리할 수 있을 것입니다.

파트1에서 이미 본 내용이지만, 원활한 가상 실습을 위해 KEH 분석에서의 '리더의 요구 관점'을 한 번 더 참조합니다.

1. 특정 안건에 대해 리더가 가질 수 있는 다양한 요구

Known Factors

- 신뢰할 수 있나?

- 반드시 해야 하나? 차이점, 장점은 무엇인가?

- 긴급한가? 나중에 해도 되는 것 아닌가?

- 안전한가? 위험요소는 없는가?

- 어떤 효과가 있을 것인가? 지속성은 있을까?

- 현재 상태(As-Is)와 향후 상태(To-Be)의 차이는 무엇인가?

- 경쟁사는 어떻게 하고 있지? 어떻게 하면 더 잘할 수 있나?

- 필요한 협력과 지원은 충분히 받을 수 있나?

- 기타 그 안건에 대한 리더의 궁금증, 선입견 또는 발표자에게 확인하고 싶어 할 점들에 대한 요구를 누락MECE15이 발생하지 않도록 브레인스토밍 등으로 꼼꼼히 찾아본다.

Expected Factors

- 제안대로 해서 많이 좋아졌으면 좋겠다!

- 제안대로 반드시 효과가 발생하면 좋겠다!

---

15 Mutually Exclusive & Collectively Exhaustive, P123 내용 참조

- 나의 상사/팀원들이 이 제안을 좋아했으면 좋겠다!

- 회사/팀/개인의 발전에 반드시 도움이 되면 좋겠다!

- 기타 그 안건에 대해 리더가 원하는 것을 누락MECE이 없도록 찾아본다.

Hidden Factors

- 리더가 진정으로 원하는 것은 무엇일까?

- 우리가 미처 생각하지 못한 장점/문제점은 무엇일까?

- 우리가 잘 알지 못하는 추가적인 문제/리스크는 무엇일까?

- 이 안의 실질적 의사결정자는 누구인가? 그는 이 주장을 좋아할 것인가?

- 이 안의 추진은 최종 의사 결정자에게 유익할까?

- 이 안의 실현에 있어서 숨은 저항 요소는 무엇인가?

- 이 안의 성공적 추진을 도와줄 사람은 누구인가?

- 주장/아이디어의 실현으로 회사가 리더의 성과를 인정하거나 리더의 승진에 도움이 될까?

- 기타 안건 승인이나 설득을 위한 리더의 드러나지 않은 요구를 누락MECE이 없도록 찾아본다.

2. 가상 사례 기반 KEH 분석을 활용한 기획서 작성

> E 기업은 레저산업 전문회사입니다. E 기업의 김 부장은 회사의 신규 수익원 창출을 위해 "패러글라이딩 신사업 도입"을 기획해서 회사의 경영자에게 제안 발표를 할 예정입니다.

1) MECE를 기준으로, 의사결정에 영향력이 있는 리더의 관점에서 주요요구X's를 찾아본다.

이 과정은 여러 사람이 함께 브레인스토밍하면서 작업하면 훨씬 효과적입니다. 간단한 주제는 혼자서 해도 좋은 결과를 만듭니다.

Know 선입견, 궁금증, 걱정	**E**xpected 바람, ROI	**H**idden 꿈/챔피언, 리스크, 저항
이유 1 Why so?	5개의 핵심요구(Critical X's) → 총 3개 그룹	
수요는 충분해?	신규 수익!	회사의 이미지
인명사고!	안전 유지	이유 3 Why so?
장소는?	이유 2 Why so?	

ROI: Return On Investment

그림 2-24

그림 2-24 와 같이 2X3 KEH 매트릭스를 종이에 그리고, 앞에서 리스트한 리더가 가질 수 있는 다양한 요구를 K, E, H 각각의 내용으로 검토합니다. 즉, 리더가 이 사업에 대해 가질 수 있는 중요한 질문, 기대사항, 감춰진 주요한 요구 관점을 MECE가 되도록 브레인스토밍으로 찾아냅니다.

그림 2-24 에서는 패러글라이딩 사업에 대해서 리더가 가질 수 있는 다양한 요구 관점을 기준으로 검토해서 중요한 요구X's를 6개만 표시했습니다. 실제 과제에서는 주제의 복잡성에 따라서 KEH의 각 항목당 중요한 요구가 수십 개 이상으로 늘어나기도 합니다.

2) 주요요구X's 중 핵심요구CX's를 선정한다.

찾아낸 주요요구 중에서 신뢰성 높은 이유나 근거로 반드시 리더를 만족시켜야만 설득이 가능해지는 핵심요구CX's를 선정합니다. 그림 2-24 에서는 핵심요구CX's 총 5개를 4각형 안에 표시해서 선정했습니다.

3) 핵심요구CX's를 비슷한 내용으로 그룹화한 후 우선순위를 결정한다.

비슷한 핵심요구들은 그룹화하고, 필요에 따라 그룹의 이름을 새로 만들기도 합니다. 그림 2-24에서는 비슷한 유형의 핵심 요구사항을 사각형으로 묶어서 총 3개의 그룹을 만들었습니다.

다음은 재가를 받기 위해 리더의 관점에서 중요도, 시급성을 따져 우선순위를 정합니다. 그림 2-24 에서는 우선순위의 기준을 '리더가 가장 중요하게 생각할 것은 무엇인가?'에 두고 이유 1, 2, 3의 순으로 정했습니다. 중요한 내용일수록 앞쪽에 먼저 작성하므로, 순서를 정하는 과정은 실로 큰 의미가 있습니다.

4) 핵심요구CX's의 우선순위에 따라 각각의 요구를 만족시키고 설득할 수 있는 근거 데이터를 다양한 방법으로 수집한다.

다음에는 우선순위에 따라서 선택된 3개의 핵심요구 그룹에 관련된 신뢰성 높은 근거를 모으거나, 설득력 있는 대책을 세워야 합니다. 요구사항을 만족시키기 위해서는 요구사항에 따라 적절한 이유, 근거, 방법, 대책 등이 뒷받침돼야 합니다. 내용의 종류에 따라서 브레인스토밍을 통해서 창의적으로 찾아내거나, 합리적으로 만들어 낼 수도 있습니다. 시장조사와 고객분석, 벤치마킹 등을 통해서 찾아내야 할 것도 있습니다. 즉, 시장의 크기와 매출목표는 시장조사와 분석을 통해 작성합니다. 조직문제, 엔지니어링에 관련된 요구에 대해서는 전문가 진단과 분석, 6시그마, TRIZ 등의 창의적 문제해결 과정을 통해서 신뢰성 높은 근거를 제시합니다.

본 사례에서는 이런 다양한 과정을 통해서 앞에서 우선순위를 정했던 이유 1, 2, 3 각각에 대해서 리더가 만족하고 신뢰할 만한 근거 Data를 이미 수집하고 정리한 것으로 가정하겠습니다. 각각의 Data나 근거 수집을 위해서는 2:8의 '파레토 법칙[16]' 같이 20%의 중요한 것만 집중해서 근거 데이터를 만들고 찾아냅니다. 또한, 내용에 따라서는 작성자의 합리적이고 타당한 의지도 훌륭한 근거로 활용될 수 있습니다.

5) 수집한 근거를 이용해서 스마트 슬라이드로 작성한다.

먼저, 한 장의 슬라이드에 2중 피라미드 논리 구조의 수직논리를 적용해서 스마트 슬라이드를 만들어 보겠습니다.

앞 단계에서 수집한 각각의 근거(시장 분석 기반의 판매/이익 목표와 의지, 구현 방법, 상세 효과 등)를 활용해 **그림 2-25** 와 같이 수직논리, 헤드라인, 단순화, 시각화를 고려해서 스마트 슬라이드를 작성합니다.

---

[16] 통계 법칙으로 전체 성과의 대부분(80%)이 몇 가지 소수의 요소(20%)에 의존한다는 의미

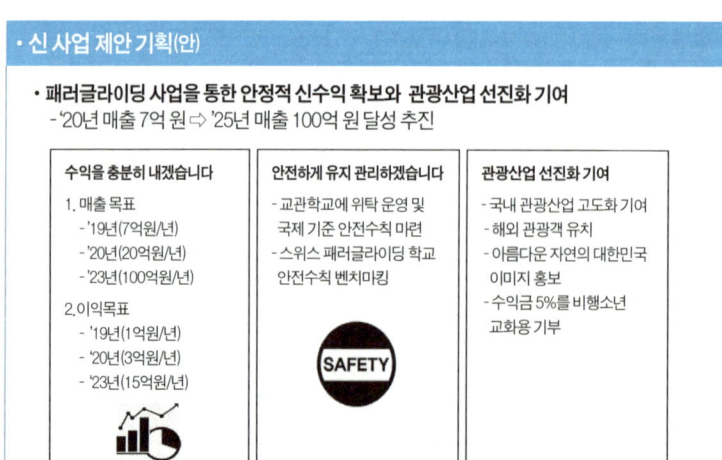

그림 2-25

이해를 돕기 위해 그림 그림 2-25 의 2중 피라미드 논리 구조를 보여드리겠습니다.

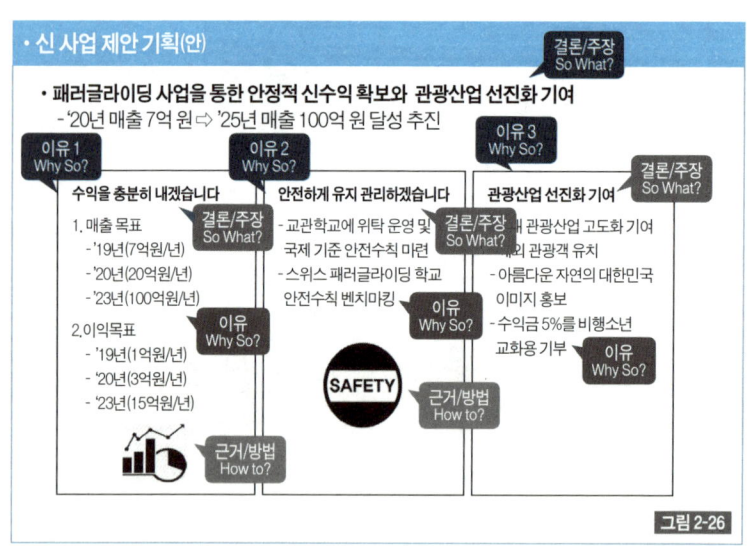

그림 2-26

현장 Q&A

Q 위의 실습 내용을 여러 장의 슬라이드로 작성하려면 어떻게 해야 하나요?

A 가장 먼저 리더를 설득하기에 적합한 수평논리를 선택합니다. 즉, 두괄식, 미괄식-순차플롯, 미괄식-해결플롯 가운데 어떤 방식으로 논리를 펼칠지 정합니다. 사전에 공감대가 형성되지 않은 신사업에 관한 내용이라면, 두괄식보다는 미괄식-순차플롯을 추천합니다. 리더들이 발표자의 논리와 근거를 차례대로 따라가며 이해를 하고, 공감을 이룬 다음에 의사결정을 하는 것이 중요하기 때문입니다. 만일, 기업의 상황이 많이 안 좋다면 미괄식-해결플롯을 사용해도 좋습니다. 즉, "패러글라이딩 사업과 같은 새로운 신규 수익원을 미리 찾아내지 않으면 회사가 어려워집니다!"와 같은 말로 발표를 시작하면 효과적입니다.

수평논리를 정했다면, 이제 수평논리의 전개에 따라서 큰 제목과 순서를 정할 차례입니다. 수평논리를 미괄식-순차플롯으로 풀어나가기로 했다면, 앞에서 분석한 핵심 주장과 이유 1, 2, 3의 모든 내용을 담아 그림 2-27 과 같이 목차를 정합니다.

```
패러글라이딩 신 사업 추진 기획(안)
1. 기획 배경 (공감)
2. 사업현황과 당사 수익성 중장기 분석 (이유)
3. 신 사업 시장분석과 수익성 분석 (근거)
4. 신 사업 구축 안 (결론/주장 1)
   1) 운영계획 상세
   2) 안전사고 예방 및 확보 계획
   3) 기업 이미지 대응 계획
5. 중장기 매출과 이익목표 (결론/주장2)
6. 추진일정
```
그림 2-27

여기서 중요한 것은, 각 제목의 내용으로 들어가는 각각의 슬라이드를 단일 피라미드 논리 구조, 또는 이중 피라미드 논리 구조의 스마트 슬라이드로 간단명료하게 작성해야 한다는 것입니다.

PRESENTATION

PART 3

업무 프레젠테이션,
발표는 당당하게

CHAPTER 1

통하는 프레젠테이션이 다르게 느껴지는 세 가지 이유

☑ 첫째, '반드시'가 있다

수많은 프레젠테이션을 지켜봤지만, 정말 지루하고 재미없는 프레젠테이션도 있었습니다. 참석자를 이해시키거나 설득하려는 열정은 거의 보이지 않고, 조용하고 단조로운 목소리로 발표자 혼자서만 열심히 진도를 나가는 발표였습니다.

보통은 세일즈나 마케팅보다 기술이나 재무관리 분야의 발표가 내용이 복잡해 참석자를 따분하게 만드는 경우가 많습니다. 이렇게 어려운 내용을 발표할 때면 발표자 역시 참석자의 반응을 거의 살피지 않습니다. 졸거나 피곤해 보이는 참석자가 늘어나도 크게 상관하지 않고 무심하게 혼자 진도를 꾸준히 나갑니다.

이런 발표에서 참석자들을 살펴보면, 집중하지 못하고 다른 생각을 하거나 심지어 졸고 있는 사람도 많습니다. 개중에는 다리를 꼬집어 가면서 졸림을 참는 사람들도 있을 것입니다. 최소한 내 다리를 꼬집었던 적은 자주 있었습니다.

이렇게 참석자의 시간을 쓸데없이 빼앗는 프레젠테이션은 죄악입니다. 이런 발표의 대부분은 자세나 목소리에서 거의 열정을 느낄 수 없고, 전하려는 주장/결론이 뭔지 도무지 이해할 수가 없습니다. 이런 분들에게는 직무와 관계없이 무조건 세일즈하듯이 발표하라고 강조합니다. 그러면, 무엇을 팔아야 하나요? 당연히 상품은 슬라이드 속의 내용이 됩니다.

자신의 상품을 최선을 다해 팔려는 세일즈맨처럼 열정을 가지고 생동감 넘치게 발표를 합시다! 성공적인 세일즈의 기본은 '반드시' 팔겠다는 태도에서 시작합니다. 마찬가지로, 중요한 내용을 발표할 때도 '반드시'라는 열정을 가져야만 합니다.

- '반드시' 이 내용을 이해시키겠다.
- '반드시' 설득해서 이 제안에 대해 재가를 받겠다.
- '반드시' 유익한 내용을 공유해서 참석자의 회사 생활에 도움이 되도록 하겠다!

이런 강한 의지를 갖고 모든 발표에 임해야 합니다. 발표자가 세일즈맨의 마인드를 가진다면 저절로 생동감 있는 롤러코스터 스피치를 할 수 있을 것입니다. 연단 위에 섰을 때 '프레젠테이션은 세일즈다!' 이 말을 꼭 떠올려봅시다! 발표를 잘하게 만드는 가장 중요하고 효과가 큰 마음가짐입니다. 이것만으로도 제스처나 목소리가 달라질 것입니다.

☑ 둘째, 참석자를 지루하게 만들지 않는다

'발표자가 자신감 없는 작은 목소리로 단조롭게 이야기를 해서 잘 들리지도 않는다. 레이저 포인터로 슬라이드의 이 구석 저 구석을 가리키며 중언부언 발표를 하고 있다. 무엇을 이야기하고자 하는지 이해도 잘 되지 않는다. 발표가 길어지자 슬슬 지겨워지고 하품이 나오기 시작한다. 옆자리 팀장도 이미 졸고 있는 듯하다!

이런 상황이라면, "이 멍청이야! 좀 듣고 싶고 졸리지 않게 발표할 수 없어!"라고 이야기하며 발표자에게 꿀밤을 먹이고 싶다. 물론, 옆에 계신 사장님 때문에 졸지도 못하고 꾹 참으며 억울하게 허벅지만 꼬집는다.'

기업의 프레젠테이션 현장에는 의외로 이런 상황이 자주 발생합니다. 이런 능력 없는 발표자가 되지 않으려면 어떻게 발표를 해야 할까요? 먼저, 사람들이 가장 싫어하는 발표 상황을 몇 가지 확인해 보겠습니다.

- 말이 단조롭고, 지루하다.
- 논리적이지 않아 무슨 말인지 종잡을 수 없다.
- 주장, 핵심이 없거나 부족하다.
- 목소리가 너무 작아서 잘 들리지 않는다.

- 중언부언 사설이 너무 길다.

여러분도 사람들이 가장 싫어하는 발표를 한 적이 있었나요? 만일, 참석자가 지겨워하는 상황은 절대로 만들지 않겠다는 생각을 하지 않았다면, 이런 지루한 발표를 해왔을 가능성은 많이 커집니다!

참석자를 졸거나 지겹게 만들지 않겠다는 다짐이 곧, 좋은 프레젠테이션의 시작점일 것입니다.

인정받는 심화 스킬

참석자를 몰입하게 만드는
발표 장치, 질문 & 스토리텔링

참석자들을 발표의 처음부터 끝까지 몰입하게 만드는 장치는 앞에서 설명한 대로 발표의 목적과 종류에 맞게 적절한 자료와 발표를 준비하는 것입니다. 여기에서는 가장 강력한 발표 스킬이지만 발표 현장에서 사용하기에는 어려운 질문과 스토리텔링 방법을 실제 업무발표 현장에 맞게 바꿔 이야기하겠습니다.

1. 질문하라! 집중할 것이다.

여건만 된다면, 작성과 발표에서 질문을 활용하는 것도 좋습니다. 사람들은 질문을 받으면 대답할 의지가 없더라도 '지식의 공백' 현상으로 인해 본능적으로 답을 찾으려고 합니다. 답을 알고 모르는 것과는 상관없이 일단 질문을 들으면, 발표자에게 집중하게 되어 있습니다. 그러면서 발표자의 말에 자연스럽게 빠져들게 됩니다.

질문은 좋은 방법이지만, 현실적으로 최고 경영자급의 리더가 많은 자리에서는 질문을 던지기가 쉽지 않습니다. 이런 자리에서는 슬라이드

내 결론/주장을 적어야 할 곳에 질문을 써 놓는 것도 좋은 방법입니다. 그리고 발표 시에 '질문 - 답 - 이유/근거'로 발표하면 됩니다. 다음은 경영 컨설턴트 도로시 리즈의 『질문의 7가지 힘[17]』에 나오는 내용입니다.

① 질문은 답을 요구한다.
② 질문은 생각을 자극한다.
③ 질문이 정보를 제공한다.
④ 질문은 자신을 통제한다.
⑤ 질문은 닫힌 마음을 연다.
⑥ 질문은 귀를 기울이게 한다.
⑦ 질문은 스스로 강하게 설득한다.

이처럼 질문은 사람의 마음을 움직이는 강력한 힘을 가졌습니다. 이 7가지 힘을 알아 두고, 프레젠테이션의 기획과 발표에서 다음과 같이 적절하게 질문을 사용해 봅시다!

1) 목적에 따라 질문한다.
- 참석자의 주의 집중력 강화

"지금 우리한테 가장 시급한 문제는 무엇이라고 생각하십니까?"

---

[17] 도로시 리즈 [질문의 7가지 힘]

- 리더와 참석자의 사고를 자극해서 프레젠테이션의 주장에 참여할 기회 제공

  "이런 상황에서, 우리는 어떻게 대응해야 할까요?"

- 참석자의 지식이나 경험을 다른 참석자들과 공유

  "이를 활용한 경험이 있는 분은 공유 부탁드립니다? 이외에 또 다른 중요한 것이 있을까요?"

- 자연스러운 결론 도출

  "이것만 해결되면 될까요? 이보다 선행되어야 할 전제조건은 무엇입니까?"

  "3가지를 말씀드렸는데, 어떤 것이 가장 중요할 것 같습니까?"

2) 강조 화법으로 질문을 사용하고, 스스로 답한다.

답을 구할 생각이 없더라도, 참석자의 관심을 집중시키거나 내용을 강조하기 위해 주제와 관련된 질문을 할 수 있습니다. 질문을 던지고 잠시 공백을 둔 다음 답을 이야기하면, 발표자의 주장이 더욱 명확해집니다.

"제 발표에 대해 궁금한 점이 있으실 겁니다! '과연 이 복잡한 프로젝트를 약속한 기일 안에 성공적으로 마칠 수 있을까?' 하는 것과 '시스템이 도입되면, 진짜 목표를 달성할 수 있을까?' 하는 이 두 가지일 것으로 판단합니다. 그럼 끝으로 이 부분에 관해서 설명하겠습니다."

3) 질문을 잘하는 방법은 따로 있다.

- 즉흥적인 질문보다는 미리 준비한 질문을 합니다.

- 막연한 질문은 피하고 구체적인 질문을 합니다.

  "무엇이 요즘 가장 중요한 문제입니까?"(X)

  "무엇이 국내 시장 점유율 확대의 가장 중요한 문제입니까?"(O)

- 질문 후, 약 5~7초간 생각할 시간을 줍니다.

- 쉬운 질문을 하고, 답이 5~7초 안에 안 나오면 힌트를 주는 것도 좋습니다.

- 질문 후 답이 없으면, 그 분야의 전문가에게 개별 질문을 할 수도 있습니다.

  "우리 회사의 올해 1분기 판매액이 얼마인지 아시나요?"

  (잠시 기다린 후)"영업관리 정 과장님! 얼마였지요?"

- 7초 안에 대답이 없으면 너무 오래 답을 구하지 말고 스스로 답하는 것이 좋습니다.

- 중요한 내용이라면, 답이 나왔어도 다른 의견을 더 들어봐도 좋습니다. 발표자가 답과 함께 그 의미를 다시 한번 정리해 설명하면 더 좋습니다.

4) 질문할 때는, 이렇게!

- 중요한 질문을 했는데 대답이 없다면 절대 강하게 밀어붙이지 않습니다! 분위기만 어색해집니다. 힌트를 주거나 바로 답을 알려 주는 것이 좋습니다.

- 중요한 화법이라는 것을 알기에 질문을 지나치게 자주 사용하는 사람들이 있습니다. 이는 참석자들을 집중시키는 것이 아니라 오히려 짜증나게 만듭니다. 뭐든지 과하면

문제가 됩니다. 내용을 강조하거나 참석자들의 집중도가 떨어질 때만 적절하게 사용합니다.

- 장소에 따라 질문도 달라져야 합니다. 같은 질문이라도 작은 회의실과 대강당에서의 반응은 확연히 다르기 때문입니다. 늘 하던 것처럼 대강당에서 질문을 던졌다가는 어색한 분위기를 느낄 수 있을 겁니다.

문제의 원인은 '공간감'에 있습니다. 작은 회의실에서는 서로 표정을 살필 수 있고 대화도 가능합니다. 질문하고 대답을 듣는 것이 상대적으로 편안합니다. 대강당은 발표자와 참석자와의 거리가 멉니다. 표정도 잘 보이지 않고 대화도 어려운 거리입니다. 그러므로 질문을 줄이거나 질문을 한 뒤 발표자가 스스로 답하는 방법이 좋습니다.

2. 스토리텔링으로 감성을 자극한다.

전략회의에서 팀별로 발표를 하고 있습니다. 한 팀의 발표 자료 중 다음과 같은 내용이 스크린에 띄워져 있습니다. 그림3-1 과 같은 신사업 초반부터 최근 3년간의 매출 추세와 내년도 매출 전망 그래프입니다.

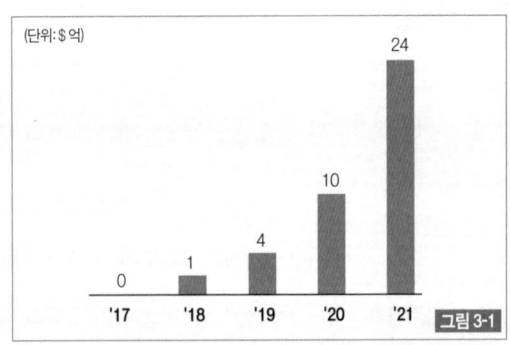

지금부터 그림3-1 의 자료를 전혀 다른 두 가지 발표 방법으로 설명합니다. 각각 무엇이 다른지, 어떤 느낌을 받는지 그 차이를 느껴봅시다.

첫 번째, 일반적인 발표 방법입니다.
"지금부터 신규 사업 현황을 보고 드리겠습니다. 여기 그래프에 보이는 바와 같이 3년 전에는 매출이 전혀 없었으나, 올해는 연 매출 10억 불 달성을 예상합니다. 내년에는 월 매출 2억 불을 예상합니다."

두 번째, 스토리를 이용한 발표 방법입니다.
"사장님, 저희가 3년 전에 신규 사업을 추진할 때는 신사업 추진 팀에 총 인원 9명이 있었습니다. 1년 동안 아무런 매출도 없이 아무도 알아주지 않는 곳에서 묵묵히 최선을 다해 사업 준비를 해 왔습니다. 이제는 여기 그래프에 보이는 것처럼 매월 1억 불 이상의 매출을 이 사업에서 올리고 있습니다. 내년에는 월평균 2억 불 이상의 매출을 계획하고 있습니다."

어떤 발표가 사장님의 감정을 더 강하게 자극할까요? 두 번째 발표처럼 리더가 공감할 수 있는 스토리에 의미 있는 사업의 지표를 잘 섞어서 발표하는 것이 훨씬 더 효과적입니다. 만일 이 팀의 발표 차례가 6번째라면, 첫 번째 방법으로는 사장님이 팀의 훌륭한 성과를 인지하지 못할 가능성이 있습니다. 모든 발표자가 첫 번째 예시처럼 자신들의 실적을 자랑했을 것이고, 사장님은 집중력을 잃을 시간이니까요!

이처럼 업무 프레젠테이션에서의 스토리텔링은

'감정을 강하게 자극하기 위해서 핵심 메시지와 사례를 연결해 시각화한 스토리로 발표하는 것!'

이라 정의합니다. 이해를 돕기 위해 이것을 간단하게 공식으로 표현하면 다음과 같습니다.

'스토리텔링 = 감정을 자극하는 간명한 사례 + 주장'

'데이터나 일반적인 정보를 토대로 발표하면, 사람들의 뇌에서 두 개의 영역이 활성화된다. 그러나, 스토리로 이야기하면 일곱 개의 영역이 활성화된다.[18]' 스토리텔링은 그만큼 강하게 사람들의 다양한 감정을 일깨우며 집중하게 만듭니다.

좀 더 강하게 리더의 관심을 유도하고 싶은 주장, 데이터를 설명할 때는 그 부분과 관련된 에피소드나 사례 또는 비유된 이야기 등을 간명하게 사용합니다. 그리고 연관해서 인식시키고자 하는 숫자나 업무 내용을 자연스럽게 섞어서 이야기합니다.

업무용 프레젠테이션에서는 중요한 부분에서만 간단하게 스토리텔

---

[18] Innovation Excellence : The Neuroscience of Storytelling

링을 사용합니다. 발표 전체를 스토리텔링으로 전개한다면 간단명료한 것을 중요한 가치로 여기는 기업에서는 다소 비현실적으로 비칠 것입니다. 또한, 꾸며진 이야기는 현실성이 떨어지는 관계로 오히려 역효과가 날 수도 있습니다.

슬라이드를 작성할 때는 중요한 부분에서 어떤 스토리텔링을 사용할지 잘 기획하고, 리허설을 할 때 최대한 자연스럽게 활용해 보시기 바랍니다!

☑ 셋째, 바로 지금부터 잘하겠다고 진정한 '선택'을 한다

사람들은 프레젠테이션할 때마다 잘하고 싶은 마음으로 발표를 합니다. 그러나 발표를 마친 후에는 '더 잘할 수 있었는데!' 하는 아쉬움을 남기며 연단을 내려옵니다. 무엇인가를 잘하고자 한다면, 이런 마음만으로는 부족합니다.

그림 3-2 런던 하이드파크의 스피커스 코너에서 스피치 연습을 하는 사람들

영국 주재원 시절, 런던 하이드파크의 스피커스 코너Speakers Corner에 가끔 들르곤 했습니다. 매주 토요일 아침이면 10~20명 정도의 스피커들이 나타나 여기저기 임시로 만든 작은 연단 위에서 열정적으로 연설을 했습니다. '영국 사람들은 학교나 일상에서 토론을 많이 한다는데, 이런 데서도 이렇게 열심히 연습하다니!' 이 생소한 풍경이 놀라웠고 그들의 열정이 꽤 인상적이었습니다. 연사들은 대중 스피치를 자신의 중요한 역량으로 '선택'하고, 대중 앞에서 스피치를 연습하는 사람들입니다.

데뷔 초반에는 형편없는 연기력으로 대중의 손가락질을 받아 온 연기자들이 있습니다. 그러나, 아무리 못했어도 잘하겠다고 진정으로 좋은 연기자가 되기로 '선택'한 사람은 연기력이 좋아집니다. 그중에는 뛰어난 연기력으로 대종상을 받은 사람도 있습니다.

골프, 테니스를 즐기는 동호회 수준의 사람들을 보면, 어떤 사람은 수십 년간 열심히 연습하고 게임을 했음에도 불구하고 평생 코미디 같은 엉성한 자세를 유지해서 사람들에게 웃음을 자아내게 하는 사람들이 있습니다. 프레젠테이션도 지금 당장 달라지겠다고 진정한 '선택'을 하지 않는다면, 평생 발표 후에 '더 잘할 수 있었는데!' 하는 아쉬움을 남기며 연단을 내려오게 될 것입니다.

무엇인가를 잘하기 위해선 세 가지 필요조건이 있습니다. 첫째, 지금 당장 이것을 잘하겠다고 진정한 '선택'을 하는 것입니다. 둘째, 좋은 매뉴얼입니다. 셋째, 검증된 방법으로 꾸준히 반복해서 연습하는 것입니다.

프레젠테이션도 마찬가지로 위의 세 가지 조건을 충족시켜야 합니다. 두 번째의 '검증된 올바른 방법'은 이 책에 있습니다. 세 번째 조건인 '꾸준한 반복 연습'은 단 몇 시간만으로도 발표 실력이 크게 달라질 정도로 난이도가 낮습니다. 우리는 이미 일상에서 자연스러운 발표를 하면서 지내고 있기 때문입니다.

업무 프레젠테이션에서 좋은 자세와 스피치를 하기 위한 가장 핵심적인 역할을 하는 것은, 첫 번째의 '지금부터 변하겠다고 진정한 선택을 하는 것'입니다. 여러분도 아래의 글에 공감해서 올바른 선택을 바로 지금 하실 수 있기를 바랍니다!

"우리가 만일 의도적으로 '프로의 프레젠테이션 자세'를 지금 당장 선택하지 않는다면, 평생 우물쭈물하며 자신감 없는 자세로 프레젠테이션을 할 것이다!"

CHAPTER 2

당당하고 자신감 넘치는 발표자의 5가지 원칙

프레젠테이션 발표를 한 번쯤 해 본 사람들에게 가장 어려운 점을 물었더니, 대부분 발표 스킬과 상황 대응이라고 답했습니다.

- 청중과의 아이컨택
- 자연스러운 제스처와 양손 처리
- "어, 에" 같은 특이한 말버릇
- 떨지 않고 자신감이 느껴지는 발표
- 졸거나 집중하지 않는 참석자에 대한 대응
- 자신감 넘치는 프로의 자세와 스피치

기업에서의 오랜 프레젠테이션 코칭 경험을 통해서 이와 같은 어려움을 극복하고 참석자들이 지루해하지 않게 하는 프로의 발표 스킬을 다음의 5가지 원칙으로 정리했습니다. 업무발표에 적용하기 어려웠던 왜곡된 지침의 발표 스킬을 버리고, 오랜 기간 업무와 교육에서 검증한 내용으로 쉽게 활용하시기 바랍니다.

☑ 하나, 밝고 자신감 넘치게 발표한다

1. 밝은 표정이 발표의 시작이다.

연단에 올라서면 부담감 때문에 얼굴이 어두워지는 사람이 있습니다. 밝은 얼굴은 발표자의 자신감입니다. 조금 부담스럽더라도 얼굴에 미소를 머금고 처음부터 끝까지 발표합니다. 마음이 불안할 때 억지로 미소를 지으면, 뇌는 기분 좋은 호르몬을 만들어 냅니다. 많이 떨릴수록 더 환한 미소를 지으세요!

미소의 또 다른 중요한 특성이 있습니다. 사람들은 첫인상만으로도 본능적으로 상대를 재빠르게 평가합니다. 발표자가 미소를 지으며 연단에 선다면, 참석자들은 자신도 모르는 사이에 발표자에 대해서 우호적인 첫인상을 갖습니다. 그 첫인상은 발표가 끝날 때까지 영향을 미칩니다. 발표 중간에 조금 자신감 없는 발표를 해도 '그럴만한 이유가 있겠지' 하고, 이해해 줄 가능성도 커집니다.

2. 당당하게 걷고, 당당하게 서자!

자신의 발표 차례가 되자, 등을 구부정하게 하고 몸은 건들건들하면서 자신감 없는 자세로 연단에 올라서는 사람이 있습니다. 여러분 자신의 이야기인가요? 그런 발표자를 보면 어떤 느낌이 들까요? 겸손한 마음으로 걸어갔는지는 몰라도, 보는 사람은 발표자를 자신감 없고 아마추어 같은 사람이라고 생각할 수 있습니다. 사람들은 무의식적으로 보이고 들리는 모든 것으로 발표자를 평가합니다. 곧, 발표자는 발표도 하기 전에 신뢰감을 잃게 됩니다.

발표 차례가 되면 당당하게 걸어가서 참석자 앞에 선 다음에 등을 펴고, 부드러운 미소를 지으며, 자신 있는 얼굴로 정면을 보십시오! 앉든 서든 가장 균형 잡힌 자세는 정수리가 하늘과 수직을 이루는 자세입니다.

발표할 때는 양발을 어깨 폭만큼 살짝 벌려 주는 것이 자신감 있어 보입니다. 양발의 벌어진 정도가 적당하다면, 발을 살짝 교차시켜 무릎은 굽히지 않고 당당하게 서 있어도 좋습니다. 지금 거울을 보고 약간의 짝다리를 하고, 무릎을 폈을 때와 굽혔을 때의 차이를 직접 느껴봅시다! 무릎을 굽히면 발표자가 건들건들해 보이기 때문에 참석자가 불편함을 느낍니다.

물론, 팔짱을 끼거나 양손을 주머니에 넣는 것은 좋지 않습니다. 뒤에서 좀 더 자세히 이야기하겠지만, 이때 양손은 배꼽 앞부분에서 한 손으로 다른 한 손의 손가락을 살짝 잡듯이 편하게 서 있으세요! 뻣뻣한 차려 자세, 또는 양손으로 뒷짐을 지는 듯한 열중쉬어 자세보다 훨씬 자유롭고 당당해 보입니다. 양손이 허리 위쪽 배 앞에 자연스럽게 위치하면, 제스처의 사용도 훨씬 자연스러워집니다.

☑ 둘, 대화하듯 발표한다

프레젠테이션하는 모습은 저마다 다릅니다. 개인의 특성이기도 하지만, 프레젠테이션에 대한 이미지가 처음부터 다르게 각인되어 있기 때문입니다. 어떤 사람에게 프레젠테이션은 예식을 갖춘 행사로 각인되어 있습니다. 군인처럼 뻣뻣한 자세로 씩씩하게 발표합니다. 그러나 프레젠테이션은 딱딱하게 형식을 갖춰야 하는 의식儀式이 아니라 소통입니다. 즉, 참석자에게 이야기해서 발표자의 주장을 이해시키고 설득하는 소통 방식 중 하나입니다.

교육생들에게 자기소개를 앉아서 하도록 하면, 제스처와 함께 상대의 얼굴을 보며 자연스럽게 이야기를 시작합니다. 그러나, 자리에서 일어나 자기소개를 하라고 하면 많이 불편하고 어색해합니다. 앞으로 나와서 자기소개를 하라고 하면 더욱더 부자연스러워집니다. 이렇게 같은 주제를 어떤 자세로 이야기하느냐에 따라 자연스러움의 정도가 많이 달라집니다. 앉거나, 서거나, 앞으로 나오거나, 세 가지 방법 모두 참석자가 같다 해도 대부분의 발표자는 자세가 달라집니다. 이는 형식에 따라 발표자가 참석자와의 상황을 다르게 인식하기 때문입니다. 그러므로 '발표 위치에 따라서 어색해지는 자신을 인식하고, 모두 다 똑같은 상황이라는 생각'을 갖는 것이 아주 중요합니다.

프레젠테이션에 대해서도 부자연스럽고 어색하다는 선입견을 품고 있는 사람은 발표 역시 부자연스러워집니다. 만일, 형식에 따라서 발표 분위기에 큰 차이를 보이는 사람이 있다면, '프레젠테이션은 그냥 소통이다!'라고 생각하십시오! 프레젠테이션이라고 뻣뻣한 자세로 스크린만 보면, 참석자와 올바른 소통을 할 수 없습니다. 서서 발표를 하거나 프레젠테이션을 할 때는 '참석자와 대화하듯 자연스럽게 발표한다!'라는 이미지를 강하게 떠올립니다.

참석자와 대화하듯 발표한다는 것은 참석자에게 자신의 프레젠테이션 내용을 반드시 이해시켜야 한다는 것입니다. 그러려면 일방적으로 떠들어서는 안 되고, 참석자가 내용을 잘 쫓아오는지, 이해를 못 하는 것은 아닌지 참석자의 반응을 살피면서 발표 내용의 난이도와 속도를 조절하며 발표를 해야 합니다.

당연한 것을 왜 이렇게 강조하나 할 수도 있습니다. 그러나 실제 기업에서 벌어지는 프레젠테이션들을 자세히 관찰하면, 이런 기본이 잘 지켜지지 않고 있음을 알 수 있습니다. 참석자가 듣든 말든, 이해하든 말든 개의치 않고 자신의 진도만 열심히 나가는 발표자들이 의외로 많습니다.

여러분의 프레젠테이션 현장들을 떠올려보십시오! 이런 식으로 발표를 해 오지 않았나요? 자신의 프레젠테이션을 객관적인 시각으로 냉정하게 판단하는 것이 아주 중요한 변화의 시작점이 될 것입니다.

현장 Q&A

Q "어, 에"와 같은 말버릇은 어떻게 해야 하나요?

A 특이한 말버릇은 심각하고 고질적인 상황이 아니라면, 업무에서 큰 문제가 되지는 않습니다. 대개는 시간을 벌어 다음에 할 말을 생각합니다. 그러므로 자료를 간명하게 만들고, 각 슬라이드가 자연스럽게 연결되도록 스토리 라인을 잘 만들면 시간을 벌기 위한 말버릇을 줄일 수 있습니다. 자신감이 생길 때까지 리허설을 충분히 하면 더욱 좋아질 것입니다.

그런데 자신의 이런 말버릇을 모르는 사람이 있습니다. 심각한 수준이 아니면, 이런 버릇이 있다는 것을 깨닫기만 해도 바로 줄일 수 있습니다. 주변 사람에게 자신의 발표를 모니터링해 달라고 요청하십시오. 동영상을 촬영해서 스스로 관찰해도 좋습니다.

이런 말버릇이 심하지 않은 사람은 열의가 있고 발표 내용이 좋으면 집중과 이해에 전혀 문제가 되지 않습니다. 그러나 앞에서 제시한 방법으로도 나아지지 않는 심각한 정도라면 전문기관에서 교정받는 것을 추천합니다. 의미 없는 말버릇이 너무 잦다면, 참석자들의 집중도가 현저히 떨어지기 때문에 아무리 일을 잘하는 사람이라도 한순간에 역량을 의심받게 될 것입니다.

마이크도 프로답게
사용하는 방법

이전까지 프레젠테이션 교육에서 마이크 사용에 대해 배워 본 적이 없었습니다. 그러나 간혹 익숙하지 않은 마이크로 인해서 난처한 상황을 겪었기에 경험에서 배운 내용을 공유하고자 합니다. 마이크를 중요하게 생각하고, 마이크별 특성을 알고, 자신만의 사용 원칙이 있다면 많은 도움이 될 것입니다.

크지 않은 회의실에서 발표할 때, 목소리기 큰 편이고 발표 시간이 길지 않다면 마이크 없이 발표해도 좋습니다. 목소리가 작은 편이거나, 발표 내내 적당한 크기로 이야기할 자신이 없다면 마이크를 사용합니다. 마이크를 사용하면 참석자들이 잘 들을 수 있어 집중력 향상에 큰 도움이 됩니다.

작은 회의실은 보통 스피커가 발표자 가까이에 있어서, 스피커에서 삐익 소리가 나는 간섭 현상이 발생합니다. 그러므로 발표 전에 마이크의 간섭이 적은 적절한 볼륨과 발표자의 이동 범위를 미리 점검합니다. 대강당에서는 당연히 마이크를 사용합니다.

마이크의 종류와 각각의 기능적 차이에 대해서도 알아 두면 좋습니다. 일반적으로 기업의 프레젠테이션에서 많이 사용하는 막대형 핸드 마이크는 노래방에서 써 봐서 많이들 익숙합니다. 마이크를 잡으면 노래 부르듯이 새끼손가락을 살짝 드는 사람도 보이는데, 자신이 그러는지 확인해 봅시다! 마이크는 입에서 손 한 뼘 정도 떨어지는 위치에서 자연스럽게 사용합니다. 마이크와 입과의 거리로 소리의 강약을 조절하기도 합니다.

그다음으로 많이 사용하는 것이 클립으로 옷에 고정하는 핀 마이크입니다. 핀 마이크는 작은 방에서는 효과가 좋지 않은 단점이 있습니다. 마이크 부분이 턱의 아래에 위치하게 되므로 목소리가 마이크로 들어가지 않고, 대부분 허공으로 퍼집니다. 맨 목소리로 발표하는 것과 큰 차이가 없을 때도 있습니다. 그렇다고 볼륨을 키우면 마이크 간섭 현상이 커져서 소음이 발생합니다. 대강당에서는 대부분 스피커가 멀리 떨어져 있어서 간섭 현상 없이 볼륨을 키울 수 있습니다.

끝으로, 머리에 걸쳐서 쓰는 헤드 온 마이크입니다. 헤드 온 마이크를 강의 때 즐겨 사용하는데, 마이크가 입가에 있어서 작은 목소리도 효율적으로 잘 잡아냅니다. 또한, 헤드 온 마이크를 사용하면 핀 마이크처럼 양손이 자유로우므로 양손 제스처를 자연스럽게 쓸 수 있습니다. 일반적으로 기업의 업무 프레젠테이션에서 헤드 온 마이크는 거의 사용하지 않습니다. 그러나 대강당에서 발표한다면, 헤드 온 마이크를 사용해서 자유롭게 양손 제스처를 사용하며 발표하는 것을 권장합니다.

☑ 셋, 아이컨택 보다 '표정컨택' 한다

1. 아이컨택의 신화를 이렇게 극복하자!

대부분의 프레젠테이션 강사나 시중의 책들은 반드시 참석자의 눈을 보는 아이컨택을 하라고 요구합니다. 그러나 아이컨택이 생각보다 쉽지 않습니다. 특히 어려서부터 습관이 되지 않은 사람들은 남들과 눈을 오래 마주치는 것을 매우 거북해합니다.

강의 중에 발견한 것은 남자들이 아이컨택을 더욱 불편해한다는 사실입니다. 특히, 서열이 중요한 문화 속에서 생활했던 사람들은 다른 사람의 눈을 보는 것을 더 불편해했습니다. 어쨌거나 본능적으로든 발표 내용에 정신이 없어서든 아이컨택은 절대 쉽지가 않습니다.

그러나 심리학자나 강사들은 '눈은 마음의 창'이라고 이야기합니다. 상대의 눈을 보지 않고 이야기하면, 신뢰할 수 없는 사람으로 여겨지기 때문에 조금 불편하고 어색하더라도 반드시 아이컨택을 하라고 강조합니다.

아이컨택의 불편함을 어떻게 극복할까 하여 그동안 여러 가지 비법을 찾아봤습니다. 가장 흔한 방법이 넥타이를 보거나 사람들의 코를 보는 것이었습니다. 두 눈을 번갈아 보라는 이야기도 있었습니다. 따라 해 보니 소통에 전혀 도움이 되지 않았고, 말처럼 쉽지도 않았습니다. 결국은 다음과 같은 자연스럽고 효과도 좋은 최고의 방법을 찾아냈습니다.

먼저, 다음의 상황들을 머릿속에 떠올려봅시다! 여러분이 발표하고 있는데 앞에 앉아 있는 팀장이 미소를 띠고 있습니다. 팀장의 미소는 무슨 뜻인가요? 당신의 발표가 잘 이해되고 좋다는 뜻입니다. 이번에는 앞의 팀장이 인상을 쓰고 있습니다. 팀장의 표정에서 무엇을 읽을 수 있나요? 아마도 팀장은 발표 내용에 신뢰성이 부족해 의심하고 있을 것입니다. 이럴 때는 신뢰를 높일 수 있도록 추가적인 근거를 자세하게 설명하는 것이 올바른 대응입니다. 그렇다면 중요한 내용을 이야기하는데 팀장이 하품하고 있다면, 어떻게 해야 하나요? 이런 때는 "이 부분은 중요한 핵심입니다!"라는 '주목언어' 등으로 주의를 환기해야 옳은 대책입니다.

이제, 여러분은 어떻게 하면 아이컨택을 쉽고 효과적으로 할 수 있을지 느꼈을 것입니다. 그렇습니다! 참석자의 표정을 보면서 발표합니다. '표정컨택'은 아이컨택보다는 훨씬 편안합니다. 눈을 직접 보는 불편함 없이 참석자를 보며 발표할 수 있고, 참석자는 발표자가 자신을 보며 이야기하는 것처럼 느낍니다.

눈 대신에 표정을 보는 표정컨택을 하면, 아주 유용한 무기가 생깁니다. 표정을 읽어서 진정한 커뮤니케이션을 할 수 있습니다. 참석자의 표정을 보면서 발표 내용을 쉽게, 재미있게, 빠르게, 생동감 있게 순간순간 조정하면서 진행할 수 있어서 그야말로 소통하는 프레젠테이션이 가능해집니다.

2. 누구를 보면서 발표를 해야 하는가?

표정컨택은 표정을 관찰할 수 있을 만큼 충분한 시간 동안 한 사람을 보면서 이야기하고, 자연스럽게 다음 사람에게로 향하면서 이야기를 이어 나가는 것이 좋습니다. 모든 사람을 골고루 볼 수 있도록 크게 지그재

그로 몸과 시선을 자연스럽게 서서히 움직이며 사각지대가 생기지 않도록 합니다.

단, 기업 내부의 프레젠테이션에서는 주요 리더나 핵심 관계자와의 표정컨택 비중을 50%로 둡니다. 외부 사람들 대상으로 발표할 때는 사각지대 없이 골고루 보면서 발표하고, 그중에 핵심 관계자가 있으면 그 사람을 20~30% 더 집중해서 봅니다.

참석자들이 그룹 단위로 앉아 있다면, 크게 지그재그로 이동하면서 그룹별로 한 명씩 돌아가며 표정컨택을 합니다.

이제 표정컨택이 중요한 이유를 충분히 이해했을 것입니다. 그러나 이론을 안다고 해도 충분한 연습과 반복된 훈련이 없다면 절대 자신의 것이 되지 않습니다. 아는 것은 변화의 시작일 뿐, 진정한 변화는 일상에서의 꾸준한 연습에 달려 있습니다. 평소 여러 사람과 대화를 할 때, 모든 사람의 표정을 의도적으로 번갈아 보면서 이야기합니다. 다음으로 업무 프레젠테이션에서는 항상 참석자와 표정컨택을 한다는 생각으로 임합니다. 이런 생각과 행동이 반복되면 자연스럽게 프로의 모습으로 변화될 것입니다.

현장 Q&A

Q 너무 떨려서 참석자 얼굴이 잘 안 보입니다. 어떻게 표정컨택을 해야 하나요?

A 라스베이거스 베네치아 호텔에서 당사의 e-Business 추진 현황 프레젠테이션을 할 때, 내가 서 있는 연단 쪽은 환하게 조명이 밝혀져 있었다. 앞에서는 수백 명의 청중이 나를 바라보고 있었다. 처음에는 발표장의 분위기에 압도되었고, 사람들 쪽이 어두워서 청중의 표정은 제대로 보이지도 않았다.
이런 상황에서는 표정컨택은 물론, 자연스러운 소통도 어렵겠다는 생각이 들었다. 그때, 다행히도 이전 발표 세션의 휴식시간에 담소를 나누었던 사람이 보였다. 그를 보니 마음이 편해지고 여유가 생겨 자연스럽게 발표를 시작할 수 있었다. 약 1분 정도 지나니 사람들의 표정이 하나둘 보이기 시작했다. 그때부터 자연스럽게 청중의 반응을 읽으면서 발표를 성공적으로 마칠 수 있었다.'

이렇게 발표의 초반에 표정컨택을 하기 어려울 때는 앞에 앉아 있는 참석자 중에 친한 사람, 담소를 나누었던 부담 없는 사람을 보면서 발표를 시작합니다. 곧, 자연스럽게 다른 사람들의 표정이 하나씩 시야에 들어오기 시작합니다.

☑ 넷, 제스처를 적극적으로 사용한다

제스처를 잘하는 방법은 책으로 배우기 어려울 수 있습니다. 그러나, 제스처를 자연스럽게 사용하기 위해 꼭 알아야 할 중요한 사실이 하나 있습니다. 오랜 경험을 통해서 다음과 같은 간단한 사실이 결정적 변화의 역할을 한다는 것을 확실하게 말씀드릴 수 있습니다.

'프로의 자세로 발표하기 위해 적극적으로 제스처를 사용할 것을 지금 선택하느냐? 아니면, 평생을 무심하게 그대로 발표할 것이냐?'의 선택이

가장 빠른 변화의 시작점입니다.

　우리는 제스처의 사용이 서구와 비교하면 상대적으로 익숙하지 않습니다. 대개 어떻게 하는 것이 옳은지 몰라서, 점잖게 이야기한다고, 또는 습관이 안 돼서 적극적으로 사용하지 않습니다. 그러나 가장 중요한 사실은 '발표할 때 제스처를 사용해야지!'하고 스스로 결정하지 않았을 뿐이라는 것입니다. 종종 발표할 때는 제스처를 잘 안 쓰는데, 동료들과 대화할 때는 잘 사용하는 사람이 있습니다. 이런 사람일수록 발표할 때 제스처를 사용하겠다고 마음먹으면 바로 변화가 생깁니다.

　우선, 제스처를 꼭 사용해야 하는지 생각해 봅시다. 말을 할 때 손의 움직임을 빨리하면 말도 빨라집니다. 반대로 손을 천천히 움직이면 말도 느려집니다. 이처럼 손의 움직임은 말의 흐름과 관련이 큽니다. 손의 움직임은 발표 내용을 감정으로 펼쳐서 침석자에게 시사석으로 감정을 자극하는 역할을 합니다. 미네소타 주립대에 의하면, 제스처를 사용할 때 설득력이 43% 이상 향상된다고 합니다.

　제스처를 사용하는 것이 익숙하지 않다면, 일단 제스처를 사용하기로 결정하십시오! 그리고 친숙해지도록 평소 대화에서도 의도적으로 제스처를 사용합니다.

　제스처를 잘 사용하지 않는 발표자들은 발표 중 양손을 어디에 두어야 할지 무척 난감해합니다. 마치 양손이 없으면 좋겠다는 듯한 모습을 보입니다. 발표하러 걸어 나올 때부터 이미 손을 어정쩡하게 움직이며

둘 곳을 찾습니다. 인사를 하고 발표를 시작하면, 양손은 보는 사람이 불안할 만큼 끊임없이 자기 자리를 찾아서 움직입니다. 뒷짐을 졌다가, 포인터나 마이크를 만지작거리다가, 또 주머니에 손을 넣었다가 깜짝 놀라며 바로 빼기도 합니다. 결국, 발표가 끝날 때까지 그야말로 손의 움직임은 안절부절, 우왕좌왕의 연속입니다.

제스처를 잘 사용하지 않는 것은 큰 문제가 아닐 수도 있으나, 프레젠테이션에서 프로다운 모습을 보여주고 싶다면 자신의 이런 불편한 손의 움직임과 모습을 자각하고 반드시 바로잡아야 합니다.

프레젠테이션 코칭에서도 이처럼 양손을 자연스럽게 처리하지 못하는 교육생이 대부분입니다. 그래서 제스처 자체에 대한 심리적 부담감을 극복하고, 친근해지기 위한 첫 연습으로 구연동화를 활용하고 있습니다.

큰 인기를 얻고 있는 설민석 씨의 역사 강의를 생각해 봅시다. 자세히 살펴보면, 그는 강의 내내 상당히 자연스럽고 강력한 제스처를 사용한다는 것을 알 수 있습니다. 이런 강한 제스처는 머릿속에 이야기하려는 내용이 영화처럼 명료하게 펼쳐지고, 발표하는 사람이 그 장면에 감정적으로 잘 동화되어 있어야 나오는 것입니다. 설 민석씨의 목소리, 표정과 제스처를 듣거나 보고 있으면 이런 다양한 감정과 당시의 상황이 생생하게 그려지는 것만 같습니다. 이렇게 머릿속에 이미지가 생생하게 잘 펼쳐지게 하는 방법이 바로 구연동화 연습법입니다. 어린아이들에게 실제로 동화책을 읽어 주는 상상을 하면서, 아이들이 좋아할 정도로 최대한 과장되게 온갖 손짓과 표정을 지어 연습한다면 금세 제스처와 친해질 수 있을 것입니다.

이런 과장된 연습으로 제스처에 대한 어색함만 벗어 던지면, 상당히 자연스럽게 온갖 표정과 제스처가 나오게 되어 있습니다. 처음에 쑥스러워서 잘 안 된다면, 반복하면 반복할수록 자연스러워집니다. 코칭에서는 10분의 연습만으로도 상당히 좋은 효과가 있는 것을 증명해 왔으니 꼭 연습해 보기 바랍니다.

이 연습은 일석사조의 효과를 가져다줍니다. 자녀나 조카들이 있다면 동화책을 실감 나고 재미있게 읽어 주는 좋은 엄마, 아빠, 이모, 삼촌이 됩니다. 제스처뿐만 아니라 목소리도 자신감 있고 생동감이 느껴집니다. 중요한 것은, 제스처는 외워서 사용하는 것이 아닙니다. 어떤 책에는 '내용에 따라서 손의 모양을 어떻게 하십시오!'하면서 제스처의 자연스러운 사용을 더욱 어렵게 만들기도 합니다.

제스처는, 감정과 열정으로 머릿속에 내용이 그려지면 내용에 맞게 자연스럽게 나오는 것임을 느껴야 합니다.

위 내용에 깊게 공감해서 손의 모양이 자연스럽게 나오기 시작하면, 손의 모양과 의미를 공부하는 것도 좋습니다.

이런 연습으로 그동안 손을 묶고 있던 심리적 끈이 적당히 풀렸다면, 다음 단계로는 유튜브 등에서 프로강사들의 발표를 보면서 그들의 손동작을 따라서 반복 연습합니다. 앞에서 이야기했듯이 프로의 자세를 배우겠다는 의지를 갖고, 연습하면 된다는 신념으로 당당한 자세가 나올 때까지 꾸준히 연습합니다.

제스처를 연습할 때 주의해야 할 기본 동작

첫째, 양손의 움직임을 허리 위에서부터 얼굴 높이까지 제약합니다. 발표할 때 제스처가 너무 크면 우스꽝스럽거나 가벼워 보입니다. 반대로 제스처를 너무 작게 사용하면 자신감이 없어 보여 설득력이 약해집니다.

둘째, 양손 움직임의 적절한 크기를 위해, 마치 양쪽 겨드랑이에 테니스공을 끼워 놓았다고 상상합니다. 이 공이 떨어지지 않을 정도로만 양팔을 움직이도록 합니다. 어떤 사람은 양쪽 겨드랑이에 마치 골프공을 끼운 것처럼 제스처를 작게 쓰는데, 손을 작게 움직이면 자신감이 부족해 보입니다.

셋째, 발표 내용이나 말의 강약에 따라서 손 움직임의 속도를 맞춥니다. 맥없이 제스처를 사용하는 사람들을 보면 역시 자신감이 없어 보입니다. 즉, 손을 앞으로 뻗을 때는 뻗다 마는 듯한 자세보다는 앞으로 80~90% 이상 끝까지 뻗는 것이 자신감 있어 보입니다. 강조하는 부분에서 손바닥이 참석자를 향할 때도 손바닥이 거의 90% 정도 보이게 펴는 것이 훨씬 자신감 있어 보입니다. 손을 움직일 때 손목만을 사용해서 손만 까딱까딱하면서 소심하게 움직이지 말고, 팔 전체를 사용해서 크게 움직입니다. 전체적으로 정리하면, 양손의 움직임은 크고 자신감 있게 하며, 말의 리듬과 동조해서 강함과 부드러움이 조화롭게 드러나도록 움직입니다.

양손의 첫 위치 자리 잡기가 올바른 제스처의 시작이다!

많은 발표자가 발표 중 손 처리를 제일 어려워하는 관계로, 전문 아나운서들의 모습을 눈여겨 관찰해서 중요한 공통점을 찾았습니다. 대부분의 프로는 말을 하기 전에 공통으로 양손을 허리 위 배꼽 앞에 둡니다.

그림 3-3 프로의 '양손의 파킹 위치'를 기억하라!

여러분도 가능하면 발표의 시작부터 끝까지 양손은 반드시 허리 아래로 내려가지 않게 하는 것이 중요합니다. 마치 운동선수의 손이 항상 다음 동작을 위해 준비된 상태로 대기하고 있는 것과 마찬가지의 원리입니다. 자연스러운 제스처에 익숙해지기 전에 손이 허리 아래로 내려가는 습관이 들면, 발표 중에 다시 올라오기 어려워집니다. 그리고 발표하는 동안 자기도 모르는 사이에 뒷짐을 지거나, 주머니에 넣거나, 무언가를 만지작거리면서 손이 다시 방황합니다.

양손을 움직이지 않고 가만히 놓아두는 고정 위치와 그 자세를, 이해하기 쉽게 '양손의 파킹parking 위치'라고 정했습니다. 양손의 파킹 위치는 발표자의 양손이 덜렁거리며 방황하지 않게 하는 가장 중요한 자세입니다. 또한, 프로다운 제스처의 사용에 가장 큰 영향을 미치는 자세이기도 합니다.

아래 동작은 실제 많은 사람의 자세를 관찰하면서 공통적인 모습을 정리했습니다. 파킹 위치의 우선순위는 절대적인 것은 아닙니다. 각각의 손의 파킹 위치에 대해서 최대한 공감하며 느낄 수 있도록 주관적 점수를 매겨 놓은 것입니다. 여러분에게 가장 자연스럽다고 생각하는 것을 선택해서 주로 사용합니다.

- 주머니에 넣기/ 뒷짐 지기: 0점
- 팔짱 끼기: 10점
- 차려 자세: 30점
- 배 앞에서 주먹 쥐기: 50점
- 양손을 배꼽 아래에 모으고 다소곳하게 인사하는 자세: 60점
- 한 손/양손 배에 걸치기: 60점
- 양손을 배 앞에서 교차로 잡고 기도하는 자세: 70점
- 배 앞에서 깍지 끼기: 80점
- 배꼽 앞에서 양손으로 상상의 A4 용지 들기: 90점
- 배꼽 앞에서 양손으로 상상의 비치 볼 들기: 90점
- 배꼽 앞에서 한 손으로 다른 손을 살짝 포개기: 90점
- 위 3가지 90점 자세들을 자연스럽게 섞어서 하기: 100점

가상의 A4 들기

가상의 비치볼 들기

한 손 살짝 포개기

그림 3-4

각 파킹 자세들은 주로 허리 위 배꼽 앞에 양손을 위치하는 것이 좋습니다. 이처럼 양손의 파킹 위치를 잘 잡은 후에 발표를 시작하면, 제스처를 자연

스럽게 사용할 수 있습니다.

한 손에 마이크나 레이저 포인터를 들고 있어도 발표를 하지 않는 순간에는 양손을 허리 아래로 내리지 않고 항상 양손의 파킹 위치에 둡니다. 그리고 발표를 시작하면, 마이크를 들지 않은 다른 한 손으로 적극적인 제스처를 사용합니다.

레이저 포인터는 자신감 있고, 올바르게

어떤 책이나 강사들은 앞만 보고 발표하라고 하므로 포인터 사용을 권장하지 않습니다. 강연이나 행사용 프레젠테이션이 아니라면, 이 말은 기업의 업무 프레젠테이션에서는 거의 옳지 않습니다. 특히 기업에서 실시하는 프레젠테이션은 아무리 간단하게 만들어도 내용이 많습니다. 발표자 자신이 설명하고 있는 부분을 레이저 포인터를 가리키면서 발표하지 않는다면, 참석자들은 설명을 자주 놓칩니다. 그러므로, 포인터 사용은 거의 필수입니다. 문제는 포인터의 올바른 사용법을 많은 사람이 의외로 잘 모른다는 것입니다.

1. 포인터를 돌리지 말고, 꾹 누르거나 밑줄을 긋듯이 사용한다.

첫 번째 가장 자주 보이는 문제는 포인터로 발표하는 곳을 가리키다가 발표에 몰입해 포인터를 빙글빙글 돌리면서 이야기하는 것입니다. 설명하면서 포인터를 돌리지 말고, 2~3초 정도 후에 바로 끄고 계속 발표를 이어 나갑니다. 가리킬 때는 한 점으로 꾹 눌러 강조해 주는 느낌이거나, 강조를 위해서 중요한 내용에 살짝 밑줄을 긋듯이 가리키는 것이 좋습니다.

2. 포인터를 바로 끄지 않고, 참석자가 따라올 시간을 준다.

중요한 것은 가리키고 바로 포인터를 끄지 않는 것입니다. 이는 참석자들이 가리키는 지점을 충분히 찾아 확인할 시간을 주는 의미로, 2~3초 이상 포인터를 켜 두어야 합니다. 발표자가 내용을 가리켰다가 바로 포인터를 꺼면 참석자는 어느 부분을 설명하고 있는지 찾지 못하고 방황하는 모습을 자주 볼 수 있습니다.

3. 포인터를 든 팔을 몸에 붙이지 말고, 쭉 뻗어서 가리킨다.
한 손 또는 두 손으로 포인터를 사용할 때, 팔과 손을 몸에 너무 가깝게 붙여서 사용하는 사람들도 가끔 보입니다. 너무 조심스럽고 얌전한 인상을 줍니다. 프로라면 당당히 포인터를 들고 있는 손을 편안히 크게 뻗어서 사용합니다.

4. 포인터의 점이 크게 떨릴 때는 한 손으로 받치고 2~3초 후 바로 끈다.
심리적으로 떨려서인지 레이저 포인터의 점이 크게 떨리는 것을 가끔 볼 수 있습니다. 특히, 멀리서 가리키면 더 크게 떨려 보입니다. 이렇게 떨면 좋아 보이지 않으니, 다른 한 손으로 받쳐서 가리킨 다음 2~3초 후 바로 끕니다. 시간이 조금 지나면 대부분 자연스럽게 떨림이 줄어들기 시작합니다.

☑ 다섯, 롤러코스터 같은 변화의 스피치를 한다

프레젠테이션 교육에서 목소리의 중요성에 대해서 교육을 자주 받아 왔습니다. 배에서 나오는 소리를 내려고 3~4시간에 걸쳐서 복식 호흡과 발성 연습을 해보았습니다. 그러나 울림이 좋은 타고난 목소리가 아니라면, 몇 시간의 교육으로는 큰 변화를 만들지 못합니다. 저는 몇 번의 교육으로도 변화를 만들 수 없어서 실제 업무발표 현장에서 목소리의 중요성에 대해서 관찰하기 시작했습니다. 많은 관찰을 통해 이제는 확실하게 말할 수 있습니다. 목소리는 명확하게 내용만 전달될 수 있다면, 실제 복식 호흡을 통해서 배에서 소리가 나오든 코맹맹이 소리가 나오든 업무 프레젠테이션에서는 그렇게 중요하지 않습니다.

목소리에서 가장 중요한 것은 발표자의 신념이 느껴지는 자신감 있는 열정의 목소리입니다.

신념의 목소리는 발표 내용에 대해 스스로 옳다고 믿고, 이를 참석자와 소통하며 설득하고자 하는 열정에서 나옵니다. 그러므로 발표 자료는 정보의 단순한 나열이 아니라, 자신의 주장이 담겨 있고 객관적인 검토까지 마쳐서 강한 확신이 드는 내용이어야만 합니다.

업무의 자신감을 바탕으로 자신감 있는 목소리가 준비됐다면 이번엔 올바른 방법으로 발표에 더욱 좋은 변화를 더해야 합니다. 아래 네 가지 방법 중에서 자신에게 필요한 부분을 선택해서 의지를 갖고 연습하시면 빠른 시간에 좋은 결과를 만들 수 있습니다.

1. 롤러코스터 스피치를 한다.

발표자 중에는 변화 없이 조용하고 차분한 목소리로 발표하는 사람들이 있습니다. 마치 놀이공원의 아기 기차 소리 같은 단조로운 스피치를 합니다. 단조로운 목소리로 발표하는 사람에게는 열정이 선혀 느껴지지 않습니다. 이러한 사람이 발표할 때는 많은 참석자가 점점 집중하기 어려워하고, 심지어는 조는 사람들이 늘어나기 시작합니다.

이런 사람들은 의도적으로 목소리에 변화를 주어야 합니다. 강조할 부분에서는 목소리를 높이거나 속도감 있게 이야기합니다. 긴장감을 높이려 할 때는 순간적으로 말을 멈췄다가 점점 빠르게 변화를 줍니다. 아기 기차처럼 단조로운 목소리가 아니라, 그야말로 생동감 넘치는 롤러코스터처럼 발표하라는 것입니다.

참석자를 반드시 설득하겠다는 의지가 있다면 열정이 생기고, 열정이 있다면 롤러코스터 스피치가 가능해집니다. 조용히 발표하는 습관을 가진 사람은 자연스런 변화가 생기기 전까지는 반드시 롤러코스터 스피치를 기억하고, 꾸준히 반복 연습을 해야 합니다. 그렇게 하지 않는다면, 참석자에게 정말로 지루하고 끔찍한 발표 시간이 될 뿐입니다.

강조해서 이야기할 때는 목소리를 높이는 것도 좋지만, 갑자기 목소리를 낮추거나 멈춰서 긴장감을 높이는 것도 아주 좋은 방법입니다. 익숙해지기 전까지는 발표 자료 중에서 강조해야 할 부분을 미리 체크해 놓고, 어떤 식으로 이야기할지 연습해 보시기 바랍니다. 이것이 반복되면 상황에 적합한 변화 있는 목소리를 자연스럽게 사용할 수 있습니다.

현장 Q&A

Q 저는 성격도 목소리도 차분한 사람입니다. 중요한 내용을 강하게 말하고 싶은데.. 어떤 방법이 있나요??

A 스피치 코칭을 하다 보면, 목소리가 차분한 사람들에게 "이 부분은 좀 더 강조해 주세요!"라고 몇 번을 이야기해도 큰 변화가 없는 사람들이 있었습니다. 실제로 이런 사람들에게 가장 효과적인 변화를 만들어 냈던 좋은 방법이 있습니다. 말을 할 때, 자신이 최면술사, 전사 또는 학자라고 생각하며 감정이입을 하면 각각의 목소리를 흉내낼 수 있습니다. 자신이 전사라 생각하고 '전사의 톤'으로 발표하라고 하면 대부분 강한 목소리로 명확한 차이를 만들어 냅니다. 목소리가 전반적으로 차분하거나 또는 확실하게 강조하고 싶은 부분이 있을 때는 '전사의 톤'을 적절하게 응용해서 리허설하고, 발표에 활용해 보기 바랍니다. 참석자를 집중시킬만한 강한 목소리를 낼 수 있습니다.

2. 리더의 눈빛을 바꾸는 강인한 말투를 사용한다.

프레젠테이션에서는 목소리뿐만 아니라, 말의 표현이나 기술 역시 아주 중요합니다. 이는 참석자의 관심을 끌어들이는 아주 중요한 요소입니다. 그럼에도 불구하고, 우리는 말하는 법을 배워야 한다고는 생각하지 않습니다.

누구나 말버릇을 가지고 있습니다. 그 말버릇이 약점으로 작용한다면, 의지를 갖고 고쳐야 합니다. 보고서를 잘 쓰는 방법이 있는 것처럼, 프레젠테이션에서도 참석자를 몰입하게 하는 화법은 따로 있기 때문입니다.

- "~인 것 같습니다." ⇨ "~입니다."
- "~라고 생각합니다." ⇨ "~가 틀림없습니다."

- "~확실한 것은 아니지만~" ⇨ "확실한 것은 ~"
- "제 생각으로는~" ⇨ "제 주장은 (이것)입니다."

버릇처럼 "~인 것 같습니다."라는 식으로 말을 끝내는 경우가 있습니다. 자기 자신은 겸손한 어투라 생각할 수 있으나, 듣는 사람들은 이를 부정적으로 느낍니다. 자신감이 없어 보이고, 발표 내용에 대한 신뢰도 낮아집니다. 이런 식의 책임회피형 언어는 사용하지 않는 게 좋습니다. 말할 때는 언제나 자신감 있고 강인하게 끝맺는 습관을 들입시다.

3. 집중력과 이해를 높이는 화법을 사용한다.

인용

주제와 관련 있는 자료, 뉴스, 일화, 속담을 활용합니다. 스토리텔링처럼 참석자의 집중력을 끌어올립니다.

반복

확실하게 강조해야 할 핵심 내용은 2~3번 반복 설명합니다. 단, 평이한 내용의 반복은 지루한 느낌을 주므로 조심합니다.

대비/반전

이전 vs 이후, 과거 vs 현재, 상식 vs 실제 등의 내용을 활용해 참석자가 직접 비교해보고 그 차이를 느낄 수 있도록 합니다.

4. 자신감 없는 말은 절대로 하지 않는다.

- "사람들 앞에서 말하는 것에 익숙하지 않아서…."
- "준비한 것이 별로 없어서…."
- "방금 생각난 것입니다만…."
- "충분히 준비하지 못해 죄송합니다."
- "왜 저를 이 자리에 부르셨는지 잘 모르겠습니다."

인정받는 심화 스킬

강조와 리듬감 있는 스피치를 위해, 동그라미를 그려라!

'전국적인 품질경영 프레젠테이션 경연대회를 위한 스피치 코칭을 했다. 한 발표자는 강조가 필요한 단어를 강조하지 못하고 평이하게 말하는 습관이 있었다. 예를 들면, "OO조치를 합니다!"라는 내용을 마치 하나의 큰 동그라미를 그리듯 "OO조치를합니다!"라고 중간에 끊지 않고 한 호흡으로 이야기했던 것이다. 사실 이 문장에서는 'OO조치'를 강조해야 심사위원에게 주장이 강하게 인식될 수 있었다. 그러나 강조되는 내용 없이 모든 말꼬리가 약해지다 보니 전반적으로 자신감 없는 발표가 되고 말았다.

이렇게 말하는 사람은 연습할 때 손가락으로 동그라미 두 개를 작게 나누어 그리면서 발표를 하면 확연하게 달라진다. 즉, 동그라미 한 개를 그리면서 "OO조치를" 바로 두 번째 동그라미를 그리면서 "합니다!"라고 말하는 식이다. 코칭 후엔 바로 강도 높고 리듬감 있는 발표로 변하는 것을 확인할 수 있었다.'

말의 리듬감을 갖기 위한 가장 좋은 연습법은, 각 단어를 이야기할 때

손가락으로 크고 작은 동그라미를 그리는 것입니다. 단시간에 빠르게 효과가 나타나는 방법입니다. 특히, 말꼬리가 자주 흐려지거나 발음이 엉키는 사람에게는 큰 효과가 있습니다. 책을 읽으면서 연습할 수 있습니다. 그 전에, 아래 문장들을 읽으면서 연습해 봅시다. 반복 연습하면 발음이 엉키지 않고 자연스러운 리듬감을 가질 수 있습니다.

* 아래 문장들은 맞춤법과는 상관없이 하나의 동그라미로 말할 부분을 기준으로 띄어쓰기를 표기했습니다. 이제 크고 작은 동그라미를 그리면서 문장을 읽어보시기 바랍니다.

- 저기 저 콩깍지가 깐 콩깍지냐? 안깐 콩깍지냐?
- 간장 공장 공장장은 강 공장장이고 된장 공장 공장장은 장 공장장이다.
- 멍멍이네 꿀꿀이 멍멍해도 꿀꿀하고, 꿀꿀이네 멍멍이 꿀꿀해도 멍멍한다.
- 앞집 팥죽은 붉은 팥 팥죽이고, 뒷집 콩죽은 검은 콩 콩죽이고, 우리 집 깨죽은 검은 깨 깨죽이다.
- 저기 저 말뚝이 말맬 말뚝인지 말 못 맬 말뚝인지 말이 없으니 말주인은 말없이 서서 말을 못매고 있다.

느껴지나요? 달라진 말의 리듬이! 반복해서 연습하면 더욱 좋아집니다. 아나운서처럼 멋있게 말할 필요까지야 없겠지만, 좋은 리듬과 발음은 귀를 편하게 하고 여러분을 좀 더 프로로 보이게 할 것입니다.

앉은 자리에서 발표할 때! 적극적으로 당당하게

우리는 기본적으로 서서 하는 프레젠테이션을 배워왔습니다. 그러나 기업에서는 자기 자리에 앉아 발표하는 경우가 많습니다. 이에 대한 지침을 찾아보려 했지만 찾을 수가 없었습니다. 프레젠테이션 강사들도 자기 자리에 앉아서 발표하는 것에 대해서는 언급하지 않았습니다. 그래서 많은 사람들의 발표를 직접 관찰하고 객관적으로 평가하면서 다음과 같이 참조할 수 있는 자세를 정리했습니다.

앉아서 발표할 때는 가장 먼저 양손을 책상 위로 올립니다. 그리고 상반신은 의자의 등 받침에서 1~5cm 정도 떨어뜨려 약간 앞쪽으로 기울입니다. 이런 자세로 발표하면 좀 더 적극적으로 느껴집니다.

그림 3-5

양손은 책상 위에 올려두어야 앉아서도 제스처를 자연스럽게 할 수 있고, 좀 더 프로다워 보입니다. 양손을 책상 밑에 두고 발표하면 자신감도 없어 보입니다.

만일 책상이 없다면, 의자의 팔걸이에 팔꿈치를 기대고 양손은 살짝 포개줍니다. 파킹 위치를 크게 벗어나지 않는 범위 내에서 자연스럽게 제스처를 사용하면 됩니다.

프로의 5가지 발표원칙

프레젠테이션 발표를 위해 연단에 서기 전에 학습한 내용을 실천에 옮길 수 있도록 "프로의 5가지 발표원칙"을 정리했습니다.

항상 이 5가지 발표원칙만이라도 떠올리면서 발표해 봅시다! 확실하게 예전과는 다른 모습으로 발표하는 자신을 느낄 수 있습니다. 매번 이런 원칙을 지키려고 한다면, 조금씩 프로의 모습으로 변해가는 자신을 발견할 것입니다.

하나, 밝고 자신감 넘치게 발표한다.
둘, 대화하듯 발표한다.
셋, 아이컨택보다 '표정컨택'한다.
넷, 제스처를 적극적으로 사용한다.
다섯, 롤러코스터 같은 변화의 스피치를 한다.

CHAPTER 3

리허설부터 클로징까지 각 단계별로 보는 발표의 핵심

여기서는 앞의 내용과 중복될 만한 부분은 최대한 제외했습니다. 그렇지만 중요한 개념이 있다면 다시 강조할 것입니다. 발표 단계는 리허설, 오프닝, 메인, 클로징의 4단계로 나누어 설명하겠습니다.

☑ 리허설: 성공적인 발표 에너지를 축적하자!

중요한 발표를 앞두고 하는 리허설은 성공적인 프레젠테이션을 위해 빼놓을 수 없는 매우 중요한 단계입니다. 리허설을 하고자 할 때는 다음을 중점으로 검토하고 발표 전략을 준비합니다.

- 슬라이드의 핵심 결론/주장은 무엇인가?
- 슬라이드의 내용을 어떤 순서로 발표할 것인가?

- 참석자가 생각하기에 그 순서와 설명은 논리적인가?
- 슬라이드에서 반드시 강조하고 이해시켜야 할 주요 내용은 무엇인가?
- 발표 시간이 줄어들면, 어느 슬라이드를 설명해야 하는가?
- 각 슬라이드에서 나올 수 있는 참석자의 질문은 무엇인가?

어디서 본 것 같은 내용 아닌가요? 그렇습니다. 대부분 '작성단계의 리허설'에서 이야기했던 내용들입니다. 이제는 완벽하게 작성한 자료를 위의 점검 포인트로 검토하면서 '발표 단계의 리허설'을 합니다. 이때는 발표 전략을 정하고, 익숙해질 때까지 반복 연습합니다.

그렇다면, 리허설단계에서 발표 내용 스크립트를 작성하고, 이것을 외워서 발표해야 할까요? 앞에서도 설명했듯이 기업의 업무자료는 내용이 상당히 복잡하기 때문에 그렇게 하기 어렵습니다. 그렇게 할 필요도 없습니다. 해야 할 말을 외울 것이 아니라, 각 슬라이드별로 결론/주장과 논리적인 설명의 순서를 정하고 흐름대로 연습하면 됩니다. 자료를 스마트 슬라이드로 만들었다면 자연스럽게 논리적인 발표가 됩니다.

그 외 중요한 것은 실전이라는 생각으로 연습하는 것입니다. 참석자들이 앞에 있다고 생각하고 실제 발표를 하듯 연습합니다.

참고로, 행사, 강연용 프레젠테이션에서는 언제 어떻게 움직일지, 어떤 제스처를 사용할지 모두 연습해 두는 것이 좋습니다. 상황에 따라서는 스크립트를 다 작성해서 완벽하게 외우고 자연스럽게 될 때까지 연습합니다. 좀 더 잘하고 싶다면, 리허설을 녹화해서 보면서 필요한 요소들을 지속적으로 수정 보완하는 것을 권장합니다. 리허설을 하면 다음과 같은 추가적인 장점이 있습니다.

- 발표 시간의 자유로운 조절 능력
- 돌발적인 질문과 상황에 대한 예상
- 발표에 대한 자신감 형성
- 슬라이드의 오타 확인과 수정

리허설은 그 횟수에 비례해 자신감이 높아지는 확실한 방법입니다. 충분한 시간을 갖고 현장을 마음속에 그리며 적극적으로 리허설을 해 봅시다!

☑ 오프닝: 참석자를 빠르고, 강하게 집중시킨다

오프닝은 다음의 4가지 내용을 중점으로 진행합니다.

- 간단명료하게 또는 인상적으로 자기소개를 한다.
- 주제에 관련된 내용으로 참석자의 관심을 단번에 끌어낸다.
- 발표 주제가 참석자에게 어떤 이익을 주는지 이야기한다.
- 전체 개요 및 주요 목차를 간략히 보여준다.

발표를 시작하는 오프닝에서 가장 중요한 것은, 우선 참석자가 발표자에게 자연스럽게 집중하도록 만드는 것입니다. 발표를 시작한다는 것은 참석자가 이제 막 회의장에 들어 왔거나, 잠깐의 휴식을 마쳤거나, 식사를 마친 직후일 가능성이 큽니다. 또는 이전 발표자의 발표가 막 끝난 직후입니다. 이런 경우라면 참석자들은 아직도 삼삼오오 대화를 나누거나, 하던 일을 멈추지 않고 스마트폰을 보고 있을 것입니다. 일부는 아직 자리에 앉지 않았을지도 모릅니다. 전체적으로 여러분의 발표를 들을 준비가 안 된 상황입니다.

대개의 발표자들은 이런 상황을 예상치 못했기에 별다른 조치 없이 바로 자기소개를 하며 발표를 시작합니다. 프로다운 발표자가 되고 싶다면 절대로 이렇게 발표를 시작하지 말아야 합니다.

연단에 올라서면 참석자의 상황부터 파악합니다. 이들이 집중하기 시작했는지, 아니면 여러분에게 집중하게 만들어야 하는지? 여러 가지 이유로 아직 어수선하다면, 다양한 방법으로 참석자가 발표에 집중하게 만듭니다. 참석자를 빠르게 집중시키는 다양한 방법이 있습니다.

소비자가 제품을 살 때 가격, 디자인, 성능 등을 많이 고려한 후에 구매하는 제품을 고관여high Involvement 제품이라고 합니다. 즉, 개인적으로 관심이 높은 제품을 '고관여 제품'이라고 합니다. 기업에서는 고객들이 저관여 제품에도 관심을 가질 수 있도록 다양한 마케팅 방법을 시행합니다.

이와 마찬가지로 참석자들이 초반부터 여러분의 발표에 대해서도 고관여 참석자가 될 수 있도록 다양한 방법을 활용해야 합니다. 다음의 방법들을 참조해 여러분만의 독창적인 방법을 찾아 봅시다!

1. 인사 및 자기소개

프레젠테이션 자리는 대개 참석자의 대부분이 발표자를 이미 아는 경우, 일부만 아는 경우, 초면인 경우로 나누어집니다. 자기소개는 위 세 가지 경우에 따라 적절하고 간단하게 진행합니다.

리더를 중심으로 참석자의 대부분이 발표자를 잘 아는 내부 사람들이라면 자기소개 없이 짧은 인사 후 바로 발표를 시작합니다.

친하지는 않으나 얼굴, 부서 정도만 아는 사람이 모인 자리에서는 성명, 소속, 직책 위주로 간단하게 소개를 합니다.

"안녕하십니까? OO 그룹 OO 업무를 담당하고 있는 OOO 대리입니다."

발표자를 전혀 모르는 외부 사람들에게는 성명, 소속, 직책을 이야기하고, 자신이 발표하는 주제의 전문가임을 알립니다.

"저는 관련 분야에서 12년 동안 일을 하며, 지난해 XXX 논문을 발표했습니다."

2. 단번에 참석자의 관심을 끄는 도입

다음의 다양한 방법 중에서 발표의 주제, 참석자, 상황에 맞춰서 적절한 방법을 응용합니다.

- 참석자의 호기심을 자극한다.

지식의 공백 상황을 만듭니다! 슬라이드에 발표 주제와 관련 있는 Data, 사진, 짧은 문자 등을 보여주어 슬라이드의 의미를 추측하게 만들거나, 다양한 질문으로 도입을 전개합니다.

- **참석자에게 주는 장점부터 이야기한다.**

사람들은 자신에게 직간접적으로 도움이 될 수 있는 이야기를 좋아합니다. 여러분의 발표 내용이 확실히 회사나 참석자에게 도움이 될 것이라고 강조합니다.

- **부드럽게 위협한다.(해결플롯)**

위험상황을 참석자와 공유하고, 그 위험에 대한 대처 방법을 지금부터 설명하겠다고 합니다.

- **뉴스, 에피소드, 스토리를 인용한다.**

처음부터 본론으로 들어가기보다 관련된 흥미로운 이야기로 시작하는 것이 참석자를 더욱 몰입하게 만듭니다. 그날의 일기, 교통상황, 뉴스 또는 발표 주제와 관련 있는 경험담 등을 자연스럽게 들려줍니다.

- **자신만의 스토리를 들려준다.**

남의 이야기를 하기보다 발표자가 직접 겪었거나 주제와 관련 있는 이야기를 한다면 참석자는 더욱 관심 있게 들을 것입니다.

- **가설을 던진다.**

발표 주제와 관련 있는 가설을 보여주고, 이 가설을 증명하겠다고 이야기합니다.

- **참석자가 동질적 그룹이라면?**

참석자의 공통적 특성 -신분, 연령대, 참여계기, 당시의 공동 상황- 을 찾아내어 그것을 화두로 꺼내면 참석자 모두가 공감할 수 있는 내용이라 더욱더 몰입하게 됩니다.

- 같이 소리치게 한다.

상황이 허락된다면 발표 주제와 관련 있는 구호를 처음에 같이 외쳐 보는 것도 좋은 방법입니다.

- 유머를 활용한다.

자연스럽게 할 수만 있다면, 적절한 유머로 시작하는 것은 국제적으로 선호되는 방법입니다. 업무에서는 참석자와 상황에 따른 주의가 필요합니다.

☑ 메인: 주장의 이해와 설득이 핵심이다

1. 적절한 수평논리의 스토리 라인을 전개한다.

메인은 발표 주제의 이해와 설득을 위한 두괄식, 미괄식 수평논리 전개가 펼쳐지는 핵심 단계입니다. 작성단계에서 전략적으로 선정한 수평논리에 따라 발표를 전개합니다.

2. 각 슬라이드는 결론/주장, 이유, 근거/방법의 순으로 발표한다.

스마트 슬라이드의 요건대로 작성했다면, 자연스럽게 결론/주장, 이유, 근거/방법의 순서대로 각 슬라이드를 하나씩 발표합니다. 즉, 각 슬라이드를 결론/주장부터 작성했다면 발표도 같은 순서로 진행합니다.

각 슬라이드에서 결론/주장을 먼저 이야기해서 참석자의 집중력을 올리고 그 이유나 근거, 방법들을 듣고 싶게 만드는 것입니다.

단, 한 슬라이드에서 너무 많은 이야기를 하지는 마십시오! 내용이 길고 복잡하면 참석자들은 집중하지 못하고 피곤함을 느낍니다. 내용이 중요하다고 강조하다 보면 설명이 복잡해지고 길어지기 쉽습니다. 그러므로 중요한 내용일수록 간단명료하게 이야기할 수 있도록 사전에 잘 준비해야 합니다. 이때는 중요성을 기준으로, 가장 중요한 내용을 먼저 발표합니다.

3. 스토리텔링으로 자연스럽게 시작한다.

감정을 강하게 자극하며 결론/주장을 전달하고 싶다면, 진솔한 사례를 간단명료한 스토리텔링으로 과하지 않게 사용합니다. 핵심 주장에 대해 집중력을 올리면서 강한 의미를 부여하고 싶을 때 사용하면 좋습니다. 자세한 내용은 P164의 '스토리텔링으로 감성을 자극한다.'를 참조합니다.

4. 참석자의 반대와 이견에 당당하게 대응한다.

참석자들은 발표 내용에 대해 논리적 또는 감정적으로 저항을 느끼기도 합니다. 아니면, 현실성의 문제로 이의를 제기합니다. 리허설을 할 때 발생 가능한 참석자들의 저항과 이견에 대해서 MECE로 미리 검토해야 합니다.

주의해야 할 것은 사전에 검토하지 않았거나 잘 모르는 내용에 대한 질문입니다. 자신 없는 모습을 보이지 않는 것이 중요합니다. 모든 것을 다 준비하고, 모든 것을 다 알 수는 없습니다. 당당하게 대응합시다! 그러나, 아는 척은 하지 않습니다. 참석자 중에서 전문가를 찾을 수도 있습니다. 그들에게 대신 답하게 합니다. 그것도 불가능하다면, 우물쭈물하는 것보다는 당당하게 계획을 알리는 것이 중요합니다. "그 질문에 대해서는 미처 조사하지 못했습니다. 오늘 회의 끝나는 대로 바로 조사해서 보고 드리겠습니다." 당당하고 솔직하게 이야기하고, 곧바로 적절한 계획을 이야기합니다. 이렇게 대응할 수 있다면, 리더는 발표자에 대해서 오히려 믿음직하게 생각합니다.

☑ 클로징: 핵심 강조와 설득으로 마무리한다

많은 프레젠테이션이 중언부언하다가 끝에서는 시간이 모자라서 바쁘게 쫓기듯이 마무리하는 모습을 보입니다. 잘 하는 발표는 좋은 내용을 수직논리, 수평논리로 간명하게 이야기하면서 약속된 시간 내에 자연스럽게 마칩니다.

마무리 단계에서 가장 중요한 점은 핵심 주장을 다시 강조해서 참석자가 그것을 기억하고 실행하게 하는 것입니다. 이것을 잘하게 하는 훌륭한 방법이 하버드 비즈니스 리뷰에 있습니다. 마틴 스티브의 원문을 이해하기 쉽게 옮겨 보겠습니다.

'프레젠테이션의 핵심 주장에 대해서는 명령문을 사용하라. 명령문은 참석자가 예/아니오 대답을 하게 요구하는 말이다. 명령문에는 강한 명령, 중간 명령, 부드러운 명령의 세 가지가 있다.

'강한 명령'은 "나의 주장을 받아들이든지, 아니면 떠나라!"라는 사고방식의 표현이다. '중간 명령'은 행동변화의 필요성과 위험성을 알려주어 참석자가 변화하게 만드는 화법이다. '부드러운 명령'은 참석자가 자신의 자유의사에 따라 행동하고 있다고 믿게 하는 방법이다.

과속하고 있는 차의 승객이라고 가정해 보자. '강한 명령'은 "천천히 달려!"일 것이다. '중간 명령'은 "여기는 경찰들이 자주 단속하는 곳이야!" 라고 말하는 것이다. '부드러운 명령'은 "지난주에 이 지점에서 끔찍한 자동차 사고를 목격했어!"라고 말하는 것이다. '부드러운 명령'은 명령 자체가 심오하나 참석자들의 반응을 이끌어낸다. 연설의 마지막 부분에서는 주장을 단순하게 요약만 하지 마라. 요약은 참석자를 지루하고 짜증나게 한다.

참석자들은 그들이 마지막으로 들은 것을 기억한다. 그래서 발표자가 결론/주장을 요약만 한다면, 프레젠테이션을 하는 동안에 불러일으켰을지도 모르는 참석자의 열의가 오히려 꺾인다. 참석자가 발표자의 아이디어에 동의하거나, 지지하거나, 특정한 행동을 선택하도록 고무된 상태로 남겨두어라!'

마틴의 주장은 강연용에 좀 더 적합하지만, 업무에서도 적절한 수준의 명령을 간명하게 사용하면 큰 효과를 얻을 수 있습니다. 업무발표에서 이 지침을 적합하게 활용한 예를 들어 보겠습니다.

- 강한 명령

"지금까지 애자일 조직문화에서 일하는 법과 혁신기업의 놀라운 성과에 대해서 발표했습니다. 우리는 복잡한 절차에 매달리느라 중요한 목표의 골든타임을 놓치고 실패하고 있습니다. 현장에서의 신속한 의사결정으로 빠르게 성과를 낼 수 있는 애자일 조직으로 전환해야 합니다. 아니면, 우리는 저성장의 늪에 계속 머물게 될 것입니다! 감사합니다!"

- 중간명령

"지금까지 애자일 조직문화에서 일하는 법과 혁신기업의 놀라운 성과에 대해서 발표했습니다. 우리는 중요한 목표를 복잡한 절차에 매달리느라 골든 타임을 놓치고 실패하고 있습니다. 최대한 빠르게 성과를 낼 수 있는 회사가 되어야 합니다. 우리는 어디로 가야 할까요? 감사합니다!"

- 부드러운 명령

"지금까지 애자일 조직문화에서 일하는 법과 혁신기업의 놀라운 성과에 대해서 발표했습니다. 국내의 많은 기업이 저성장의 늪에 빠져 있습니다. 최근 A와 B 기업도 실적 저조로 M&A를 당했습니다! 감사합니다."

발표의 끝에 요약만 하지 말고 참석자가 발표자의 주장에 동의하거나, 지지하거나, 선택할 수 있는 고무된 상태로 남겨둡니다.

인정받는 심화 스킬

프로의 슬라이드 연결과 전환 화법

사전에 각 슬라이드의 연결과 전환을 기획하고, 이를 제대로 사용하는 발표자는 그리 많지 않습니다. 그러나 이러한 개념을 알고 자연스럽게 실행한다면 여러분의 프레젠테이션 스킬은 최고의 찬사를 받을 것입니다. 시간적 여유가 있는 중요한 프레젠테이션에 활용해 보시기 바랍니다.

1. 다음 슬라이드 내용을 요약해 말한 뒤 다음 슬라이드 보여주기

　- 'Speak, then show!'

　일반적인 슬라이드 전개 방법은 현재 슬라이드 내용의 발표를 마친 후에 아무 말 없이 다음 슬라이드로 넘어가 해당 내용을 설명하는 것입니다.

　참석자에게 프로의 인상을 줄 수 있는 전환 방법이 있습니다. 현재 슬라이드의 설명을 마치고, 슬라이드를 넘기기 전에 다음 슬라이드에 대해 요약 설명합니다. "다음 슬라이드에서는 ○○○에 대해서 설명하겠습니다."라고 이야기한 후에 다음 슬라이드로 넘깁니다.

이 방법은 발표자가 모든 슬라이드의 내용을 확실하게 파악하고 있다는 인상을 줍니다. 참석자는 왠지 모르겠지만 여러분의 발표에 대해 좀 더 강한 신뢰감을 느낍니다.

2. 다음 슬라이드의 '연결'과 '전환'을 기획하고 사용하자!

자신의 발표를 좀 더 비범하게 보이게 하려면, 각 슬라이드를 '연결'과 '전환'으로 구분하고, 리허설할 때는 구분에 따라서 연습을 합니다.

'연결'은 다음 슬라이드의 내용이 현재 슬라이드의 내용에 연결되어 전개되는 것입니다. 연결 슬라이드는 앞에서의 'Speak, then show!'와 같이 간명하게 다음 슬라이드의 제목 정도를 이야기한 후에 슬라이드를 넘깁니다.

'전환'은 현재 슬라이드의 주제를 마치고 다음 슬라이드에서 새로운 주제로 시작하는 것을 말합니다. 즉, 전환은 현 주제를 간명하게 요약하고, 다음 주제에 대해 언급한 후에 슬라이드를 넘깁니다.

"지금까지 OOO에 대해 말씀드렸습니다. 다음 장부터는 OO에 대해 자세히 말씀드리도록 하겠습니다." 그리고, 다음 슬라이드로 넘깁니다.

이것이 뭐 그리 대단할까 생각도 들 수 있지만, 자신의 슬라이드에 대해 철저한 리허설 없이는 이렇게 연결과 전환의 방식으로 발표할 수 없습니다. 이러한 연결과 전환의 방법을 잘 활용하면, 프로 같아 보이면서도 전체적인 발표의 흐름이 좋아서 참석자의 이해와 집중을 도와줍니다.

사람의 집중력은 항상 쉽게 흐려집니다. 순간적으로 딴생각을 하던 참석자들은 다음 장에 대한 이야기를 들으면 발표자의 흐름에 동기화되어 집중력의 흩어짐 없이 듣게 됩니다.

프로다운 자신감을 보여주는 발표를 하고 싶다면, 모든 슬라이드를 내용의 흐름에 따라 연결과 전환으로 나눕니다. 그리고 '연결'은 요약 없이, '전환'은 현 주제의 내용을 요약 설명한 다음에 각각 'Speak, then show!'로 발표를 이어갑니다!

발표만큼 중요한 질의응답, 프로답게 받는 방법

1. 질문을 언제 받을지 미리 알린다.

20분 정도의 짧은 발표 시간에 질문이 몇 개 이상 들어오면 시간 안에 발표를 끝낼 수 없습니다. 발표가 끝난 뒤 질문을 받는다고 이야기해두는 것이 안전합니다. 발표 시간이 충분하다면, 언제든지 필요할 때 질문하라고 요청해도 좋습니다.

질문을 받는다면, 최종 요약과 핵심 강조로 마무리하기 직전이 좋습니다. 즉, 질문에 대한 대답으로 발표를 자동으로 마치지 말고, 핵심을 간명하게 재강조하거나 명령하면서 마치는 것이 좀 더 프로다운 발표를 위한 방법입니다.

2. 질문자의 질문을 요약해서 되묻는다.

질문이 복잡하면, 질문의 내용을 요약해서 다시 질문자에게 물어봅니다. 그렇게 하지 않으면 동문서답하게 될 가능성이 커집니다. 대답을 한 후에는 대답이 만족스러운지 물어보는 것이 좋습니다.

3. 예상 밖의 질문에 준비된 발표자가 되자!

예상 밖의 질문을 받았을 때는 솔직하게 대답합니다. 잘 모르는 내용에 대해 질문을 받으면, 순간 거짓말을 하거나 얼버무릴 수 있습니다. 이렇게 하면 더 곤란한 상황으로 빠질 수도 있습니다. 거짓말은 더 큰 거짓말을 만들고, 결국은 들키거나 스스로 무너집니다. 누구나 모든 것을 다 알 수 없습니다. 미처 생각하지 못한 내용이라고 당당하게 대답합니다. 그리고 그 질문에 대한 자신의 향후 계획을 다음과 같이 알려주는 것으로 마무리합니다.

"그 내용은 미리 파악하지 못한 부분입니다. 회의가 끝나는 대로 확인해서 메일로 공유하도록 하겠습니다."

중계 질문이나 역질문을 사용하는 것도 훌륭한 방법입니다. 중계 질문은 참석자 중에서 질문에 관련된 내용을 잘 알 만한 사람이 있다면, 그 사람에게 의견을 들어 보는 것입니다.

"그 부분은 제가 담당하는 부분이 아니라 명확하게 답을 못 드릴 것 같습니다. 마케팅 김 차장이 이 분야의 전문가이신 것으로 알고 있는데 의견 부탁드려도 되겠습니까?"

역질문은, 아래와 같이 질문자가 그 부분에 대해 무언가 알고 물어보는 듯한 느낌이 들 때 사용하기도 합니다.

"(질문을 주신 분이) 그 질문에 대해 이미 고견이 있으신 것 같은데, 의견을 부탁드려도 되겠습니까?"

뜻밖의 질문 중에 가장 어려운 것은 발표 내용에 대한 반론의 질문입니다. 당황하지 말고, 질문자와 논쟁이 벌어지지 않도록 합니다. 단, 한 번 또는 두 번의 대답으로 해결이 될 수 있는 내용이라면 문제가 없지만, 지속해서 갑론을박이 일어날 수 있다면 피하는 것이 좋습니다. 논쟁을 이어 간다면, 전체 발표가 위태로워집니다. 정중하게 상대의 의견을 존중하고, 자세한 논의는 발표가 끝난 뒤 별도로 하자고 제의하면서 자연스럽게 다음 화제로 넘어갑니다.

"예, 의견 감사합니다. 그것은 지금 협의하기에는 부적절한 것으로 판단되니, 나중에 저와 개별적으로 좀 더 이야기하는 것이 좋겠습니다. 그러면, 계속 이어서 발표하겠습니다."

참석자가 반대의견을 제시하면, 상대가 무안해지지 않도록 다음과 같이 상대의 의견을 존중해 배려심 있게 표현합니다.

"예, 좋은 의견 감사합니다. 그렇지만, 제 의견은 다음과 같습니다."

언택트(Untact) 프레젠테이션! 치밀하고 간단명료하게

줌Zoom이나 스카이프Skype, 구글 미트Google Meet, 마이크로소프트 팀즈Teams 등을 사용해서 언택트 프레젠테이션을 진행해야 할 때가 있습니다. 컨택트나 언택트나 작성과 발표에 있어서 기본 원칙에는 큰 차이가 없습니다. 회의용 소프트웨어는 대면 발표 상황과 최대한 유사한 느낌이 들도록 만들어졌기 때문입니다.

그러나 현실의 언택트 프레젠테이션에서는 발표자와 참석자 모두 크고 작은 불편한 상황을 겪고 있습니다.

언택트 프레젠테이션은 대면 발표보다 참석자의 집중력이 훨씬 빠르게 떨어지는 것이 가장 심각한 문제입니다. 그러므로 가장 고민해야 할 것은 참석자의 집중력을 처음부터 끝까지 잘 유지해서 효과적으로 쌍방향 소통이 되도록 하는 것입니다. 그러나, 여러 가지 크고 작은 장애로 인해서 이것이 절대 쉽지 않습니다. 주로, 다음과 같은 다양한 이유와 상황들이 집중력을 빠르고 강하게 분산시킵니다.

- 대면 발표보다 생동감이 많이 약하고, 참석자 통솔이 어렵다.
- 일부 참석자가 사용법을 몰라서 문제를 해결할 때까지 발표를 멈추게 한다.
- 실수 또는 고의로 참석자의 얼굴을 안 보이게 해서 좋은 소통을 막는다.
- PC의 작은 화면으로 인해서 표정컨택할 수 있는 인원에도 한계가 있고, 표정으로 소통의 정도를 확인하며 발표하기도 어렵다.
- 사용 미숙, 또는 고의로 음 소거를 해 놓고 발언을 해서 소리가 안 들린다. 이를 확인하고 조정하느라 매끄러운 진행이 어렵다.
- 한 참석자 주변의 예상하지 못한 이상한 소음과 뜻밖의 인물 등장 등으로 전체 분위기가 산만해진다.
- 위와 같은 다양한 이유로 참석자가 빠르게 산만해져 발표에 집중하는 것이 상대적으로 더욱 어렵다.

이러한 장애요소를 완벽하게 제거하기에는 많은 어려움이 있지만, 언택트 프레젠테이션의 다름을 인정하고 다음의 몇 가지 방법으로 치밀하게 보완하면 훨씬 효과적으로 진행할 수 있습니다.

1. 운영 방법 관점

- 주관자는 언택트 프레젠테이션의 그라운드 룰Ground Rule을 자세하고 강력하게 공지해서 최대한 원하는 대로 작동하도록 한다. 즉, 지켜야 할 그라운드 룰을 정하고, 이를 사전에 공지해서 참석 전에 모두에게 익숙하게 만든다.
- 상황이 허락한다면, QandAQuestion and Answer 방식으로 진행한다. 언택트 발표에서는 상당히 효과적인 방법이다. 즉, 결론/주장이 명확하게 표현된 자료를 사전에 배포해서 반드시 읽게 한다. 그리고, 언택트 미팅에서는 핵심만 간단하게 빨리 발표하고 주로 질문을 받는다. 질문의 내용에 따라서 개별 또는 일괄 응답 방식을 선택적으로 사용한다.
- 최소의 필수 인원만 참석하도록 한다.
- 선택한 미팅 소프트웨어의 사용법을 자세하게 공지하고, 사전에 충분하게 익히도록 요청한다.
- 가능하다면 참석자들과 사전에 얼굴 보이기, 음 소거 그리고 말하기 전에 마이크 켜기 등을 연습하는 시간을 갖는다.
- 반드시 발표 5분 전에 참석해서 정시에 시작할 수 있도록 한다. 정시까지 적절한 음악을 제공하고, 음악이 멈추면 시작 시간이 되었음을 알게 한다.
- 참석자는 가능하면 밀폐된 방에서 진행하고, 참석자의 얼굴이 최대한 잘 보이도록 조정한다.
- 참석자의 주변에 소음이 많지 않는 한, 원칙적으로 음 소거를 하지 않는 것으로 한다.

2. 발표 자료의 작성과 발표 방법 관점

- 언택트 프레젠테이션은 발표 시작 몇 초 안에 참석자의 집중력이 결정된다. 그러므로, 청자의 관심을 초반에 강하게 유도하기 위해 두괄식 수직논리와 수평논리 또는 해결플롯으로 수평논리를 전개한다.
- 한 페이지에 하나의 주장을 담는 수직논리를 적용해서 간단명료하게 작성한다.
- 슬라이드를 작성할 때 작은 PC를 통해서 슬라이드를 띄우게 되므로 폰트 사이즈 14 이

상을 사용한다.
- 발표 초반에 간단한 배경 설명으로 간명하게 공감을 이루어 참석자의 생각 범위를 제한하고, 전체적인 이해를 초반에 지원한다.
- 참석자가 진행에 대한 잡념에 빠지는 것을 제한하기 위해서 발표하기 전에 반드시 발표 시간, 질문받는 시기와 방법을 안내한다.
- 평소 대비 50~70% 이하의 짧은 느낌으로 임팩트 있게 발표한다.
- 단조롭지 않고 변화 있는 롤러코스터 스피치를 한다.
- 중요한 내용을 강하게 이야기하는 '전사의 톤'과 다양한 '주목언어'를 사용한다.
- 실전 TIP, '앉은 자리에서 발표할 때!'의 내용과 같은 자세로 제스처를 적극적으로 사용하며 자연스럽게 발표한다.
- 카메라를 사람의 얼굴이라 생각하며 '표정컨택'을 하면 참석자들의 집중력을 좀 더 높일 수 있다.
- 질문을 한다면 구체적으로 대답할 사람을 지정한다.

익숙하지 않은 새로운 도구이므로 특성과 사용 방법을 사전에 익히는 것이 예상치 못한 당황스러운 상황 발생을 줄이는 방법입니다. 사용법에 충분히 익숙해지기 전에는 개인적으로 리허설을 꼭 해보시기 바랍니다. 구체적인 방법은 유튜브 등에서 다양한 내용을 참조할 수 있습니다.

PRESENTATION

PART 4

"리얼 프레젠테이션, 스킬이 아니라 태도다!"

CHAPTER 1

탁월한 프레젠테이션, 일하는 방법에서부터 차이가 난다.

오랜 프레젠테이션 교육에서 확인한 중요한 사실이 있습니다. 실무자들은 이 주제에 대해서 공감이 깊지 않습니다. 반면, 많은 리더가 가장 먼저 강조하는 것은 일에 대한 마인드mind입니다. 작성자의 생각과 의지가 담기지 않거나, 잘 보이지 않는 정보만 나열된 발표 자료에 큰 불만을 보입니다. 만들어진 자료들이 정보의 홍수 속에서 또 다른 정보의 공해를 양산하고 있다고 지적합니다.

기업에서 사랑받는 탁월한 역량의 사람이 되거나, 팀원에게 좋은 영향을 주는 리더가 되기를 원한다면 이 내용은 아주 중요합니다. 큰마음으로 곰곰이 생각하면서 인사이트를 찾을 수 있기를 바랍니다.

☑ 불가능의 이유가 아닌, 되는 방법을 찾아서 발표하라!

"그것은 말도 안 됩니다. 현실적으로 불가능합니다."

"시간이 너무 부족하고 인력도 많이 부족합니다."

"이런 사양은 도저히 생산 불가합니다."

"설계부터 불가능합니다."

"단가가 맞지 않습니다."

"부품 조달이 불가능합니다."

"설비 투자가 너무 많이 듭니다."

"제가 과거에 시도해 봤던 것입니다. 이제까지의 경험으로 판단하건대 이 건은 절대 불가능합니다."

기업에는 현 수준에서 달성이나 해결이 어려운 과제들이 많습니다. 논리적인 사고의 늪에 깊게 빠지면, 여러 가지 합리적인 사실에 근거해서 해결이 어렵거나 불가능하다고 주장을 합니다. 그리고, 사실을 바탕으로 다양하고 객관적인 이유와 근거를 찾아서 발표합니다. 이렇게 어렵거나 불가능하다는 것을 논리적으로 발표해서 리더를 이해시키고 적극적으로 설득하려 합니다.

논리적인 사고는 문서 작성과 타인을 이해시키는 부분에 있어 아주 중요합니다. 그러나 이런 부정적인 보고가 잦아지면, 발표자와 리더는 서로 지는 Lose-Lose 악순환의 관계로 빠져듭니다. 즉, 리더는 표현하든 안하든 '저 친구는 뭐 그렇게 안 되는 게 많아! 매사 부정적이야!'라고 생각하며 기분이 나빠집니다. 반대로 발표자는 '합리적인 사실에 근거해서 솔직히 발표를 했는데, 왜 합리적으로 생각하지 않고 무조건 하라고 하지!'하며 리더에 대해 불신감을 키웁니다.

서로의 입장을 바꿔보면, 왜 그렇게 생각하고 행동하는지 어느 정도는 이해할 수 있습니다. 기업은 문제 해결과 목표 달성을 지상과제로 하는 조직입니다. 그러므로, 어렵거나 불가능한 상황에 대해서 논리적으로 불가능하다는 근거의 수집보다는 '어렵지만 어떻게든 되게 할 수는 없을까?' 하는 의문에서 다양한 방법을 찾으려는 마인드 셋이 필요합니다. 이런 마인드 셋을 '창의사고' 또는 '문제해결 사고'라고 합니다.

이런 관점에서 생각하기 시작하면, 어렵기는 하지만 그래도 목표에 가깝게 다가갈 수 있는 다양한 방법이 보이기 시작합니다. 시간, 인력 등 자원을 추가로 투입하거나 다른 방법을 통해서 문제해결에 좀 더 가깝게 다가갈 수 있습니다.

이런 '창의사고'의 마인드로 어려운 문제에 접근해서 통제 불가능한 것은 제외하고, 통제 가능한 요소에서만 해결책을 적극적으로 찾아서 보고할 수 있습니다. 쉽지는 않겠지만 해결을 가능하게 하는 요소들을 찾아 다음과 같이 슬라이드를 만들어 발표해 봅시다!

"할 수 있습니다! 어렵지만 이렇게... 이렇게... 하면 됩니다! 더 잘하기 위해 이것, 저것의 지원이 필요합니다."

이렇게 창의사고의 관점에서 문제를 깊게 관찰하고 가능한 해결책을 찾아서 발표한다면, 여러분은 이미 능력 넘치고 리더로부터 사랑받는 사람일 것입니다.

"보고서를 멋있게 논리적으로 잘 쓰는 것도 중요하지만, 기업에서 사랑받는 능력자가 되고 싶다면 어떻게든 실행 가능한 대안을 찾아서 보여주는 것이 더욱 중요합니다."

☑ 개선/기획형에 더욱 집중한다

기업에서의 문제/과제는 대개 그림 4-1 과 같이 3가지 단순화 유형으로 표현할 수 있습니다.

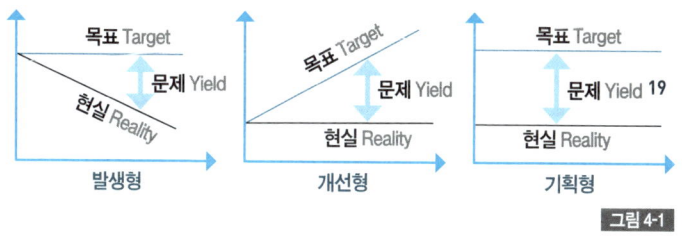

그림 4-1

발생형 문제는 정상 운영되던 것이 어느 날 갑자기 사건, 사고, 문제, 클레임 등으로 인해 비정상의 형태로 나타납니다. 발생형 문제에 대해서는 신속하고 정확하게 경위 보고서를 작성해서 상황에 적합한 절차로

---

19 문제를 해결해야 될 크기, 즉 산출량(Yield)으로 표현해서 목표, 현실, 문제를 합쳐서 TRY로 표현

보고하는 것이 중요합니다. 또한, 신속하게 원인분석을 해서 단기 및 중장기 해결책을 찾아 보고해야 합니다. 발생형 문제에 잘 대응하는 것은 중요한 역량입니다.

그러나 발생형 문제가 자주 발생하거나 반복되는 부서의 담당자는 행복하지 않습니다. 사고가 발생할 때마다 놀라고 걱정하며 발생형 보고서를 작성하고, 마음 졸이며 발표해야 하기 때문입니다. 이러한 상태에 모두가 익숙해지면, 발등의 불을 끄는 일에만 몰두하는 조직문화가 형성됩니다.

뛰어난 사람은 예방조치를 취하는 사람입니다. 문제해결 사고의 마인드셋으로 사건, 사고가 발생할 수 있는 잠재요소를 놓치지 않습니다. 이런 창의적인 사람은 발생형 보고서보다는 개선형 보고서에 중요성을 두고 업무를 합니다. 개선형 보고를 하고, 매니지먼트의 공감을 얻어 중요한 개선 조치를 문제 발생 이전에 시행합니다. 이런 활동이 반복되면, 발생형 문제는 줄어들기 시작해서 같은 유형의 문제는 영원히 없어집니다.

평소 항상 급하게 처리해야 하는 일에만 너무 바쁘거나, 창의적 문제해결 사고력이 부족하면 이런 뛰어난 역량은 생기지 않습니다. 그러므로 업무시간 중 여유를 갖고 개선형 문제를 찾는 시간을 의도적으로 가져야 합니다.

발생형 문제에만 매달릴 것인가요? 사전에 개선형 과제를 찾는 사람이 될 것인가요? 일상의 업무에서 개선형 업무를 못하고 있다면, 방해하는 원인을 찾아서 먼저 제거해야 합니다. 그리고 개선형 과제를 지속해서 추진해 나갈 수 있다면, 회사에서의 삶은 더욱더 행복해지면서 능력 있는 사람으로 커 갈 것입니다.

세 번째 그림은 기획형 과제입니다. 기획형 과제는 새롭게 창조하는 과제입니다. 혁신적 창조는 일부 천재들만의 것이 아닙니다. 문제 발생, 개선에만 시선을 두지 않고, 일상에서 혁신적이고 창의적 목표를 세우고 달성해 나간다면 누구에게나 가능합니다.

기업 활동에서의 대박은 대체로 기획형 과제의 성공에서 발생합니다. 여러분이 리더라면, 기획형 목표를 과제로 설정하고 달성해 나가는 조직문화 형성에 집중해야 합니다. 이런 기획형의 혁신활동은 조직문화 속에 자연스럽게 자리 잡거나, 리더의 강한 의지가 있다면 좀 더 쉽게 가능해집니다. 이런 환경을 지원하는 기업의 목표 설정 프로세스로는 구글 등에서 시행하는 OKR^{Objective & Key Results}이 있습니다. 기획형 혁신 목표의 중요성에 대해 공감한다면, OKR을 별도로 공부해 볼 것을 추천합니다. 3M의 업무시간 15% 자율 연구 제도와 같은 방법도 좋습니다.

구글이나 3M과 같은 조직문화가 없어도 개인이 스스로 혁신에 대한 의지가 강하면 혁신적인 기획을 검토하고, 발표 자료를 작성할 수 있습니다. 그리고, 자신의 기획 자료를 토대로 리더에게 적극적으로 설득하는 프레젠테이션을 시행합니다.

발생형보다는 개선형 프레젠테이션, 나아가서는 기획형의 프레젠테이션에 더욱 집중합시다. 기업에서 진정으로 필요로 하는 프레젠테이션 프로가 됩니다.

인정받는 심화 스킬

모두에게 옳은 대안 중에서 선택하게 한다

'신사업 프로젝트를 진행하면서 상점 진열용 제품 포장을 하는 포장센터 구축 안을 검토했다. 1안은 국내에서 포장해서 해외의 각 판매법인에 배송하는 것, 2안은 유럽, 미주, 아시아 권역별로 해외 포장센터를 구축해서 같은 권역 내 판매 법인에 배송하는 안이었다.

1안은 국내 포장으로 부피가 5배 이상 커져서 해외 물류비가 2.5배 이상 늘어나는 단점이 있었다. 2안은 권역별로 최소 3개의 포장센터를 구축해야 하고, 권역별로 수백 개의 포장 자재 및 제품 재고를 관리해야만 했다. 실무자의 검토 결과, 거점별 경제적 규모의 물량은 최소 1~2년간은 나오지 않았다. 외주를 최대한 이용한다고 하더라도 인프라 구축과 관리에 드는 시간, 비용, 노력이 터무니없는 안이었다.

이렇게 실행 가능한 두 가지 안 중에서, 2안의 문제점을 잘 설명하면, 당연히 1안으로 결정될 것이라는 확신이 섰다. 이런 의도를 가지고 사업부장에게 프레젠테이션을 했으나, 뜻밖에도 2안이 선택됐다. 미래 비즈니스 동향 변화를 예로 들면서 무조건적으로 2안을 추진하도록 최종 지시를 했다. 이후에도 너무 큰 문제가 예상되는 사안이라서 두 번에 걸쳐서 결정 안의 예상 문제점을 설명하고, 결정을 바꿀 것을 요청했다. 그러나 사업부장은 자신의 결정 안에 대한 확고한 신념으로 굽히지 않았다.

결국은 2안의 실행을 위해서 실무자들은 온갖 장애와 어려움을 넘어야만 했다. 4개월 동안 갖가지 고생 끝에 전 세계의 물류를 위한 포장센터와 SCM(Supply Chain Management) 시스템을 구축하고 운영을 했다.

그러나 3년이 지나도록 실무자들이 예상했던 대로 2안에 우호적인 시장 변화는 결코 발생하지 않았다. 시간이 지나면서 각 권역의 포장센터에는 다양한 문제와 잡음이 발생했다. 수많은 잡다한 일과 불용재고로 각 권역의 포장센터를 관리하던 해외 법인의 불만도 커져 갔다. 결국은 3년간 고생만 하다가 당초에 주장했던 1안으로 재구축해서 현재까지 효율적으로 잘 사용하고 있는 중이다.'

리더에게 두 가지 이상의 대안을 보고하고, 그 중 한 가지를 선택 받아야 하는 때가 있습니다. 간혹, 고위 경영자는 실무에 가까운 의사 결정에 있어서는 현실적으로 전혀 도움이 되지 않음에도 불구하고, 명분상의 이유 등으로 비현실적이고 엉뚱한 것을 선택할 가능성이 있습니다.

일단 지시를 받게 되면 실무자는 지시사항을 안 따를 수도 없고, 실행한다면 사례와 같이 극심한 어려움을 겪습니다. 한번 지시한 사안에 대해 고위 경영자의 의견을 다시 바꾸게 하는 것은 불가능할 정도로 어려운 때가 있습니다. 발표 자료를 만들 때부터 이 점을 염두에 두어야 합니다.

스스로 똑똑하고 최고라고 생각하는 일부 경영자들은 전략적 사안이 아닌, 전술적 운영 부문에서는 상대적으로 실무자보다 구체적이고 세세한 것까지 이해할 수 없습니다. 경험과 직관에 따른 우월한 의사 결정력을 발휘하려는 경향이 강합니다.

실무자로서 조금만 더 현명했더라면, 보고 시에 완전히 잘못된 의사결정이 발생할 수도 있는 대안 2는 아예 제외했을 것입니다. 그리고는 객관적으로 합당한 1안과 약간 변형해서 만든 2안을 기준으로 발표 자료를 만들었을 것입니다. 즉, 성공 가능성이 높은 안 만을 사업부장에게 보고하는 것입니다. 그렇게 되면 어떤 선택이든 나쁘지 않았을 것입니다.

이런 비슷한 상황은 기업에서 의외로 자주 발생합니다. 객관적으로도 제한적 대안의 사용이 회사에도 옳고 발표자에게도 옳다면, 불필요한 잡음 같은 대안을 사전에 제한하는 게 좋습니다. 모두에게 옳거나, 더 옳은 대안 중에서 선택하게 하는 '제한적 대안'을 제시합니다!

☑ 올바른 업무 받기가 프레젠테이션의 시작이다

리더가 지시한 발표 자료를 밤늦게까지 남아서 일하며 정성을 들여 완성하고 다음날 리더와 검토합니다. 왜 지시한대로 하지 않고, 마음대로 이렇게 작성했냐고 역성을 냅니다. 작성자는 너무나 억울합니다. 틀림없이 시킨 대로 했는데 리더는 아니라고 합니다.

많은 조직에는 리더에 대해서 '일관성이 없다!', '자신이 시킨 일도 기억을 못한다!'라는 불만이 있습니다. 자신의 리더와 특별히 이런 일이 자주 발생하면, 불평만 하기 보다는 다음과 같은 선제적인 대응이 필요합니다.

지시를 받는 사람은 5W1H의 원칙에 따라서 확실하게 지시 내용을 이해해야 합니다. 필요에 따라서는 중간에 되묻습니다. 지시를 다 받은 다음에도 자신이 이해한 내용을 요약해서 리더에게 다시 물어 봅니다.

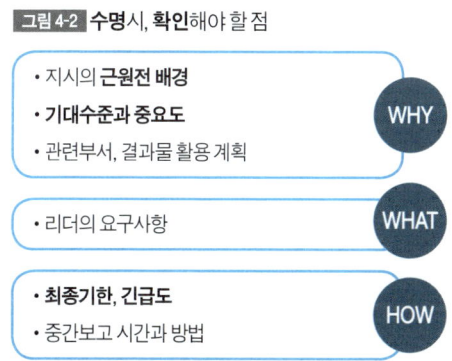

그림 4-2 **수명**시, **확인**해야 할 점

이 과정은 간과하지 말아야 할 중요한 업무 받기의 원리입니다. 업무를 지시하는 사람과 받는 사람간에는 오해가 발생할 가능성이 큽니다.

사람마다 경험과 느낌이 다른 관계로, 같은 내용에 대해서도 전혀 다른 결과를 생각할 수 있기 때문입니다. 복잡한 내용의 업무 지시를 받을 때는 처음에 이해한 내용에 확신을 갖지 말고, 반드시 재확인하는 절차를 거칩니다.

간혹, 다시 되물으면 "간단한 말도 못 알아 듣습니까?" 하며 핀잔을 주는 리더가 있기에 되묻기 불편한 상황도 있습니다. 그러면, 중요하고 복잡한 업무지시는 일단 5W1H 수준으로 메모지에 받아 적습니다. 자리로 돌아와 20~30분 이내에 자신이 이해한 정도를 이메일로 간명하게 재정리해서 리더에게 보냅니다.

이런 재확인 메일을 받은 리더는 살짝 귀찮다는 생각이 들더라도, 팀원의 꼼꼼하고 정확한 업무 스타일에 대해 존중하는 마음이 생깁니다.

☑ 중간보고 없다면, 험난한 길을 예상하라!

중간보고는 일 잘하는 사람의 필수 과정입니다. 불필요한 업무를 줄일 수 있어 퇴근 시간도 빨라집니다. 그리고 리더에게 사랑 받는 직원이 됩니다.

중요한 발표 자료의 작성을 지시한 리더는 대개 3가지 형태의 모습을 보입니다. 첫째, 실무형 리더로서 자료 작성의 처음부터 끝까지 챙깁니다. 이런 리더의 팀원은 자율성이 결여된 업무환경으로 인해서 업무 만족도는 떨어지지만, 최소한 마지막에 리더에게 깨지는 일은 없습니다.

두 번째 유형은 보스(Boss)형 리더로서 시킨 다음에 전혀 챙기지 않습니다. 납기일에 검토를 하므로 위험이 가장 큽니다. 리더의 기대치에 미치지 못할 때에는 작성 능력에 대해 다소 심한 말을 들을 가능성이 큽니다. 그리고는 밤을 새서 보고서를 거의 새로 만들어야 합니다.

세 번째는 위임형 리더로서 업무지시를 하고, 이후의 간섭을 최소화하고 싶어 합니다. 사안의 중요도에 따라 챙길 때도 있습니다. 그렇지만 걱정이 돼도 최대한 믿고 맡기려 합니다. 이런 리더는 오히려 실무자의 자발적인 중간보고를 애타게 기다립니다. 리더와 작성자가 서로 바빠서 중간 점검을 못하면 납기일에야 검토를 합니다. 리더는 마음에 많이 흡족하지 않아도 책임감을 느끼며 약간의 수정만 하려 합니다. 그러나 상황에 따라서는 역시 밤을 새서 새로 작성해야 할 가능성도 높습니다.

이러한 유쾌하지 못한 상황들을 적극적으로 피하고 역량을 올바르게 발휘하려면 작성자는 스스로 적극적인 업무 스타일을 발휘해야 합니다. 즉, 보스형 리더나 위임형 리더로부터 중요한 발표 자료 작성을 지시 받은 다음에는 최대한 빨리 전체적인 스토리 라인을 기획합니다. 그리고 단 5분의 사전보고라도 실시해서 핵심 주장과 스토리 라인에 대해서 리더와 공감대를 형성합니다. 이후, 납기의 반이 지나기 전에 보고서를 60% 정도 작성해서 중간보고를 합니다. 상황에 따라서는 리더와 잠깐 스치면서 "지시하신 보고서는 60% 정도 작성했습니다! 한 번 보시겠습니까?"라고 말만 해도 중간보고로서의 충분한 가치가 있습니다.

이렇게 사전보고와 중간보고를 받는 리더는 공감대가 형성되면 최대한 자율적으로 작성하도록 믿고 맡길 가능성이 높습니다. 중간보고를 받은 리더는 작성자에 대한 믿음이 생겨 마감일까지 갈등 없이 편안하게 보고서가 완성되기를 기다립니다.

실무형 리더도 작성자가 적극적으로 사전보고와 중간보고를 통해 조율해 나간다면, 문서 작성 업무에서만이라도 작성자를 믿으면서 위임형으로 변할 가능성이 커집니다.

리더가 너무 바빠서 중간보고를 할 적절한 기회를 놓치고, 납기일에 낭패를 보는 상황도 자주 발생합니다. 핑계는 무덤을 만듭니다. 언제까지 기다릴 것인가요? 리더의 바쁜 상황에 적절하게 끼어들어 '엘리베이터 스피치'를 하는 것도 작성자의 능력입니다! 리더는 항상 바쁩니다. 그러다 보면 스스로 핑계를 대고, '혹시 문제 있겠어?' 하면서 합리화의 변명을 찾습니다. 결국은 중간보고의 황금 시간을 놓쳐서 크게 후회를 합니다.

중간보고 관련, 가장 자주 발생하는 문제가 하나 더 있습니다. 이메일로 하는 중간보고입니다. 작성자는 이메일을 보내고 나서 수시로 리더가 메일을 읽었는지 보낸 메일함의 '읽음' 표시를 확인합니다. 그러다가 이메일에 리더의 '읽음' 메시지가 보이고, 추가 지시가 없으면 아무런 문제가 없다고 생각하며 계속 작성을 진행합니다. 그러다 납기일에 문제가 터집니다. 리더는 왜 중간보고 안 했냐고 질타하고, 작성자는 리더가 메일을 읽은 것을 메일 시스템을 통해서 확인했다며 섭섭한 마음을 강하게 표현합니다.

대개 이런 상황은 리더들이 회의에 들어가거나, 잠깐의 여유 시간에 스마트 폰으로 메일을 확인했다가 나중에 내용을 봐야지 생각하고선 바쁜 일상과 수많은 다른 메일로 인해서 정독하는 것을 잊어버리기 때문에 발생합니다. 작성자는 메일로 중간보고를 하고 리더의 '읽음' 메시지가 보여도, 중요한 보고서에 대해서는 잠깐이라도 직접 확인을 해야 합니다. "메일 보냈는데 읽어 보셨나요?"

중간보고를 올바르고 적절한 시점에 한다면, 작성자 자신과 업무 지시자의 마음이 평화로워집니다. 그리고 이런 적극적인 행동은 워크 스마트의 또 다른 중요한 축이기도 합니다!

CHAPTER 2

철저함과 자신감이 실력이다

☑ 발표를 망치는 머피의 법칙부터 버려라!

'머피의 법칙'이란, 내가 무엇인가를 하면 항상 상황이 불리하게 전개된다는 법칙입니다. 행운과 불운은 누구에게나 공평하게 찾아온다고 생각하지만, 이상하게도 나에게만 더 불운이 따르는 듯한 느낌이 들 때가 있습니다. 프레젠테이션을 준비하면서 완벽하게 준비한다고 몇 번을 확인하고 또 해도 발생하는 불운들이 있습니다. '왜 하필 나에게만 이런 일들이 발생할까?'

- **회의 진행 담당자의 PC에 나의 프레젠테이션 최종 파일이 들어 있지 않다.**

발표 자료를 계속 수정하다 보면, 발표 직전에 최종 파일을 메일로 다시 송부하기도 합니다. 회의 담당자에게 최종 파일을 보내고, 꼭 새것으로 바꿔달라고 전화 요청까지 합니다. 그러나 이상하게도 발표할 때는 처음 보낸 파일이 나옵니다. 파일을 새로 보냈으면, 회의장에 미리 가서 새 파일로 교체된 것을 직접 확인해야 합니다. 그렇게 하지 않는다면 머피는 여러분의 친구가 됩니다.

- **슬라이드에서 잘 보이던 글자가 스크린에서는 잘 안 보인다.**

프로젝터의 성능에 따라 글자나 모양이 스크린에 잘 안 나타날 수 있습니다. 슬라이드 배경색을 쓰면, 특히 이런 상황이 자주 발생합니다. 업무용은 대부분 배경색을 사용하지 않습니다. 배경색이 있는 부분에 사용하는 글자는 PC 모니터에서 보이는 것만 믿지 말고, 확실하게 구분이 되는 색과 폰트 사이즈를 사용합니다.

- **여러 번 거듭 확인했어도, 꼭 발표 도중에 눈에 확 띄는 오타가 보인다.**

오타는 혼자서 몇 번을 검토해도 잘 안 보입니다. 작성 후에 제삼자에게 검토를 요청하거나 오타 검증 프로그램으로 체크를 합니다.

- **동영상이 테스트 때는 아무 문제 없었는데, 실연의 순간에 작동하지 않거나 소리가 안 난다.**

주로 PC의 소프트웨어나 하드웨어 차이로 이런 현상이 발생합니다. 자신의 PC가 아니라면, 동영상은 사전에 현장에서 실제 동작 여부를 꼭 다시 확인합니다. 회의장의 스피커 여부와 충분한 소리가 나오는지 성능도 확인합니다.

• **인터넷 시연 시 인터넷 연결이 자꾸 끊긴다.**

　오래전에는 자주 발생하는 현상이었지만, 요즘은 상대적으로 적게 발생합니다. 그러나 다른 국가, 다른 기업에서의 업무 미팅에서는 특별히 주의해야 합니다. 그 기업의 IT 보안 정책 때문에 IT 담당자의 도움을 받아 사전에 테스트를 완벽하게 해 놓아야 합니다. 간혹, 중요한 미팅을 위해서는 인터넷 시연이 안 될 상황을 가정해서 시연 보일 화면을 그대로 캡처해서 슬라이드 파일로 만들어 준비하기도 합니다.

　이러한 모든 문제는 이상하게도 준비할 때는 잘 나타나지 않습니다. 꼭 발생하지 말아야 할 중요한 시간에 나타납니다. 문제를 피하는 특별한 방법은 한 가지입니다. 이런 일들이 발생할 것이라는 가정하에 사전에 철두철미하게 이중삼중으로 점검하거나 최악의 상황 발생을 위한 대책을 세워야 합니다.

　스티브 잡스도 수많은 군중 앞에서 신제품 발표를 하다가 시스템 에러로 중간에 프레젠테이션이 멈춰 버린 적이 있습니다. 그는 잠시 당황하다가, 바로 자신의 경험을 활용한 유머로 자연스럽게 대응합니다. 그 사이 스크린 뒤의 담당자들이 문제를 해결하며 최대한 자연스럽게 넘어갔습니다.

　애플의 신제품 발표회는 수개월 전부터 엄청난 인력과 시간을 투자해서 준비합니다. 그런데도 이런 일이 발생합니다. 누구에게나 언제든 발생할 수 있는 일입니다. 그러므로 중요한 발표에는 반드시 대책이 세워져 있어야 합니다. 이것을 대체계획Contingency plan이라 합니다. 일이 계획대로 안 될 상황에 대비해서 대체계획을 미리 준비해 놓습니다.

스티브 잡스는 타고난 재치로 위기 상황을 벗어났지만, 아마 애플도 다양한 상황을 예측하고 그에 따른 대체계획을 사전에 준비했을 것입니다.

삼성전자의 발표 행사 담당자는 리더의 중요한 발표 자리에 같은 프레젠테이션 자료가 담긴 노트 PC를 하나 더 준비해 둡니다. 현재 PC에 문제가 발생하면, 다른 하나로 신속하게 바꾸기 위해서입니다.

끝으로 가장 중요한 것은 무엇일까요? 아무리 대체계획을 잘 준비해도 뜻밖의 문제는 언제든 발생할 수 있습니다. 그러므로 어떠한 순간이라도 당황하지 않아야 합니다. 잡스처럼 유머나 스토리텔링으로 넘기거나, 아니면 당당하게 참석자에게 문제를 이야기하고 대책을 세웁니다. 여러분에게 일어난 이런 머피의 장난을 참석자들도 충분히 이해해 줄 것입니다.

현장 Q&A

Q: 갑작스럽게 발표 시간이 줄었어요. 어떻게 대응하나요?

A: 자신의 예정된 발표 시간이 갑자기 많이 줄어드는 것은 무척 당황스러운 일입니다. 이런 상황은 업무발표에서 상당히 자주 발생합니다. 한 시간 예정된 발표를 10분 만에 끝내야 하는 상황도 발생합니다. 사전에 이런 상황에 대해 준비를 했다면, 당황스러움의 정도는 크게 줄어듭니다.

꼼꼼한 리허설이 가장 좋은 준비 방법입니다. 한 시간 분량의 발표 자료를 40분, 30분, 20분, 10분 안에 발표를 마치는 상황을 고려해야 합니다. 남은 시간마다 어떤 슬라이드를 선택해서 발표해야 할지 미리 생각해 보고 간단하게 발표하는 연습을 합니다.

리허설이 안 되어 있는 상황이라면, 핵심 주장을 위주로 발표합니다. 배경이나 근거 등의 설명이 필요하다면, 해당하는 슬라이드의 헤드라인 위주로 간단명료하게 설명을 하면 참석자가 잘 따라올 수 있습니다. 물론, 스마트 슬라이드의 수직논리로 잘 작성되어 있어야 합니다.

또 다른 중요한 방법은 발표자가 직접 자료를 작성하는 것입니다. 발표자 스스로 좋은 스토리 라인을 깊게 고민하면서 작성했다면, 발표 중에 빠르게 핵심을 짚어낼 수 있습니다.

발표자 자신이 직접 작성하지 않은 자료는 다양한 위험이 있습니다. 다른 사람이 작성하거나 취합한 자료로 발표를 한다면, 자신이 작성할 때와 같은 깊이로 검토를 합니다. 즉, 검토 후에는 자신이 작성한 것과 거의 같다고 느낄 수 있어야 합니다.

Q: 내일 갑자기 발표하라고 합니다. 무엇부터 어떻게 해야 할까요?

A: 이런 일이 발생하면 마음이 많이 복잡하고 불편해집니다. 아마도 밤늦게까지 또는 다음 날 아침까지 밤을 새우며 자료를 만들어야 할 것입니다. 리더가 급하게 지시했다면, 너무 속상해하지는 마십시오! 여러분의 능력을 믿기에 부탁했을 것입니다. 이런 일은 흔히 발생하지 않으니 너무 마음 상하지 않고, 프로의 자질을 최대한 발휘하는 것이 중요합니다. 지나고 보면 이런 일들이 좋은 추억이 되고 자신의 실력이 됩니다.

이런 상황이 발생하면, 제일 먼저 최대한 비슷한 유형의 기존 발표 슬라이드 자료를 활용하는 것도 좋습니다. 그리고 P112의 '현업에서 YES를 부르는 스토리 라인은 따로 있다'에서와 같이 핵심주제와 적절한 수평논리의 스토리 라인을 결정합니다.

다음에는 목차에 해당하는 각각의 제목과 각 제목의 핵심 주장/결론을 정합니다. 스마트 슬라이드 형식에 각각의 결론/주장을 중심으로 수직논리로 작성하면 검토와 수정이 쉽습니다. 무엇보다 슬라이드 순서 변경이 쉬워집니다.

자료가 다 작성되면 리허설을 마음속으로라도 진행합니다. 특히, 시간이 다급하면 첫 3분의 발표를 완벽하게 준비합니다. 그다음부터는 스마트 슬라이드를 결론/주장-이유-근거/방법의 순으로 간략하게 읽듯이 발표합니다. 첫 3분의 발표가 완벽하면, 이후에 발생하는 약간의 덜컹거림과 실수는 크게 문제가 안 됩니다. 사람들은 첫 3분에서 이미 프로의 모습을 보았기 때문에 그럴 수도 있지 하며 대수롭지 않게 생각합니다. 그리고 마지막 3분을 프로처럼 발표할 수 있도록 확실하게 리허설을 합니다. 이렇게 함으로써 발표의 핵심 주장을 명확하게 강조하고, 마지막에 한 번 더 프로의 이미지를 강하게 심어줍니다!

☑ 나의 떨림과 소심함, 어떻게?

'초등학교부터 고등학교 때까지의 나를 기억하는 사람은 나를 내성적이고 소심하게 보일 수도 있는 얌전한 사람으로 기억할 것이다. 확실히 타고난 성격은 그런 쪽에 가까웠다.

대학생 때까지도 발표하면 얼굴이 점점 빨개지면서 눈물이 나올 정도였다. 일반적으로 이런 사람들은 남들 앞에서 발표를 최대한 피하려고 한다. 그렇지만, 나는 빨개지는 얼굴에 결코 굴복하고 싶지 않았다. 얼굴이 빨개지면 빨개질수록, 친구들이 나를 빨간 사과라고 놀리면 놀릴수록 더 열심히 나의 의견을 펼쳤다. 수줍음보다는 내 의견을 이야기하고 싶은 욕구가 더 컸던 아이였다.

결국은 이런 태도와 끊임없는 반복이 지금의 내가 남들 앞에서 편안하게, 그것도 열정적으로 강의를 하는 사람으로 살 수 있게 만들었다.'

실제로 많은 유명 강사들이 강의 울렁증 때문에 고생이 많다는 사실을 알게 되었습니다. 겉으로는 멀쩡해 보이지만, 많은 사람이 속으로 애를 태우고 있는 것입니다. 상습적인 소화불량에 위장병을 얻거나, 공황장애까지 겪는 사람도 있습니다. 현대사회에서 성공하고 싶다면 프레젠테이션 발표 역량은 필수입니다. 그러므로 우리는 나름대로 발표에 대해 떨림과 소심함을 극복해야만 합니다. 그 효과가 검증된 아래의 여러 가지 방법 중에서 적합한 것을 찾아 발표 울렁증을 꼭 극복해 보시기 바랍니다.

1. 나의 떨림을 참석자는 눈치 채지 못한다.

이 방법은 사실을 깨닫기만 해도 발표 울렁증을 줄이는 데 큰 도움이 됩니다. 수년간의 프레젠테이션 코칭에서 확인한 희망적인 사실입니다. 많은 교육생이 자신은 발표 불안증이 있고, 사람들 앞에서 발표하면 많이 떨린다고 이야기합니다. 그런데 이렇게 말하는 사람 대부분은 얼굴이 사과처럼 빨개지지 않습니다. 더 중요한 것은 발표하는 동안 본인은 심하게 떨었다고 하지만, 참석자들은 떨림을 전혀 눈치 채지 못했다는 것입니다.

이것은 매우 중요한 사실입니다. 발표 불안 증후군이 있다고 하더라도, 참석자 대부분은 발표자의 발표 내용에 집중하고 있어서 떨림을 잘 알아차리지 못합니다. 그러므로, 자신의 불안증을 무시하고 자신감 있게 합시다! 불안한 생각을 하면 할수록 더욱 불안해집니다. 오히려 남들은 나의 떨림을 알아차리지 못할 것이라고 확신한다면, 마음이 좀 더 편해지고 자연스럽게 발표를 할 수 있습니다. 이러한 사실로도 위로와 도움이 안 되는 소수의 사람을 위해 불안증을 해결하는 다른 방법들을 확인해 보겠습니다.

2. 불안한 생각이 불안감을 불러온다.

우선 불안감의 속성에 대해서 정확히 이해하는 것이 중요합니다. 불안감은 불안한 상황에 대해 생각하면 생각할수록 더욱 강해집니다. 그러므로 최대한 두려움에 대해 생각하지 말아야 합니다.

사람들은 불안한 상황에 닥치면 '불안해하지 말자! 불안해하지 말자! 용기를 내자!'라고 생각하며 마음을 다잡으려고 노력합니다. 불행하게도 크게 도움이 안 됩니다. 부정적인 생각에서 나온 주문은 오히려 부정적인 생각을 더 강하게 만듭니다.

마음은 생각에 따라서 거기에 맞는 감정을 불러옵니다. 배우는 슬픈 생각을 해서 눈물을 흘리고, 화나는 생각으로 분노의 감정을 만들어 냅니다. 이것은 중요한 사실입니다. '생각이 감정을 불러냅니다!' 이 말을 온전히 이해했다면, 자연스럽게 대책이 떠오를 것입니다. 불안한 생각 대신에 힘차고 즐거운 생각을 하는 것입니다.

머릿속을 힘찬 생각으로 채우기 위해서는, 먼저 현실을 부정하지 말고 인정하는 것이 중요합니다. 리더와 참석자 앞에서 발표하면 누구라도 당연히 불안할 수밖에 없음을 인정합니다. 또한, 발표는 자신의 생존을 위협하는 일이 아니란 것도 정확하게 인지해야 합니다. 그다음, 긍정적인 이미지로 머릿속을 최대한 채웁니다. 프로의 당당한 발표 모습 같은 것을 떠올리면서 긍정적인 생각으로 대체합니다. 그러면 불안감은 자연스레 약해집니다.

3. 부정감정은 우리에게 성장의 영역을 알려준다.

원래 불안감이란 절대적으로 버려야 할 나쁜 감정이 아닙니다. 쓸모없어 버려야 할 감정은 없습니다. 어떻게 생존 본능을 분리해서 버릴 수 있을까요? 본능에 어긋나게 버리거나, 억지로 누르려는 불가능한 노력을 하지 말고, 불안감이 주는 메시지를 정확히 이해해야 합니다. 불안감은, 우리에게 생존을 위해 유리하게 행동하라는 메시지를 전달합니다.

우리는 부족함을 통해서 성장합니다. 부정감정은 부족함을 채우라고 알려주는 마음의 메시지입니다. 즉, 불안을 느낀다는 것은 더 강해지라는 마음의 메시지인 셈입니다. 여러분이 이 내용에 깊게 공감한다면, '불안감은 내가 더 성장해야 할 영역을 알려주는구나!' 하고 느낄 수 있습니다. 이렇게 생각하는 연습을 계속하면, 발표뿐만 아니라 다양한 상황에서도 스스로 좋은 영향력을 만들어 나갈 역량이 생깁니다.

4. 파워포즈를 취하며 기다린다.

자신의 발표를 기다리는 동안 상황을 인정하고, 긍정적인 생각을 자꾸 하면서 동시에 파워포즈를 취합니다. 파워포즈는 양손을 허리에 차고 당당히 서 있거나 만세를 하는 자세가 대표적입니다. 몸을 움츠리지 말고,

상황에 맞게 파워포즈를 취하면서 담담히 자신의 발표 순서를 기다립니다. 파워포즈는 용기를 북돋우는 남성 호르몬인 테스토스테론을 더 많이 분비하도록 유도합니다. 동시에 불안한 생각은 버리고 호흡이 빨라지지 않게 단전호흡을 천천히 하면서, 몸 속 공기의 흐름에 집중합니다.

남들은 나의 불안을 잘 눈치 채지 못한다는 사실과 함께 자신의 불안한 생각을 힘찬 이미지로 바꿉니다. 동시에 파워포즈와 단전호흡을 한다면 훨씬 많은 도움이 됩니다.

☑ 발표 자신감, 리허설 횟수에 따른다!

우리에게는 불안증과 싸우는 또 하나의 강력한 무기가 있습니다. 그것은 바로 반복해서 연습하는 것입니다. 소심하고 수줍어하는 성격도 리허설을 반복한 횟수에 비례해서 자신감이 커집니다.

우리의 뇌는 건강한 상태에서 특정상황에 반복적으로 노출되면 그 상황에 점점 익숙해집니다. 비슷한 상황에 계속 노출되면, 그 상황이나 대상의 무게감을 전혀 인지하지 못할 정도로 가벼운 존재로 만들기도 합니다. 그렇기에 우리의 마음은 어떤 것에 익숙해지면서 점점 더 지루함을 느끼는 것입니다.

그러므로 불안의 정도가 크면 클수록 실제 발표 현장을 생각하면서 꾸준히 반복해서 연습합니다. 또한, 일상에서 부담 없는 발표의 자리가 있다면 적극적으로 나서서 발표를 해 봅니다. 그러면 언젠가는 사장님 앞에서의 중요한 발표도 편안하고 자연스럽게 할 수 있을 것입니다.

　무엇이든지 새로 배우고 익히려면 일상에서 생활화하는 것이 중요합니다. 그러므로 발표하기 전에는 항상 '프로의 5가지 발표 원칙'을 머릿속에 떠올리며 발표에 임합니다. 이런 방법으로 꾸준히 실행하며 부족한 것을 보완해 나가면, 여러분의 발표는 자연스럽게 프로의 모습으로 발전해 나갈 것입니다.

　리허설을 할 때 동영상을 촬영하는 것은 자신의 모습을 객관적으로 볼 수 있는 가장 좋은 방법입니다. 불필요한 말버릇, 습관적 행동 등을 객관적으로 확인해 보십시오! 스스로 알아챌 수 있다면, 이미 고칠 수 있다는 것입니다. 그리고 스스로 부족하다고 생각하는 부분을 찾아서 그 부분을 집중적으로 연습합니다.

　프레젠테이션 프로가 되는 방법은 다음 세 가지로 간단히 요약할 수 있습니다. 여러분의 끊임없는 발전을 응원합니다!

첫째, 항상 프로의 5가지 발표원칙을 떠올리고 시행하자!

둘째, 스스로 발표하는 동영상을 촬영하고 검토하자!

셋째, 불안할수록 적극적으로 실제상황과 비슷하게 연습하자!

EPILOGUE

발표 자료를 작성하는 전 직원을 대상으로 문서 작성 교육을 20차례 이상 진행한 중견 기업이 있습니다. 교육을 기획하기 전에 그 기업의 CEO를 만나서 메시지를 직접 들었습니다. "일을 잘하는 것은 사랑의 마음에서 시작합니다! 내가 매일 받는 보고서와 프레젠테이션을 보면 직원들의 삶에 사랑이 많이 부족하다고 느껴집니다!" 건네주는 몇 개의 프레젠테이션 자료를 보니, 그 이유를 금방 확인할 수 있었습니다. 작성자의 주장은 하나도 보이지 않고, 모든 페이지가 읽는 사람 스스로 알아서 해석하기를 기다리는 데이터만 가득 찬 자료였습니다.

1차 문서 작성 교육을 8시간씩 10여 차례의 교육을 실시했습니다. 이 책에서의 거의 모든 내용을 압축하는 교육이었습니다. 처음에는 단순히 고마운 마음을 갖고 시작했는데, 차수가 지나면서 확실하게 느껴졌습니다. 이것은 단순한 문서 작성 교육이 아니라, 기업의 일과 소통에 대한 가장 효과적이고 현실적인 교육이었습니다. 일에 대해 깊게 생각하고 실행하는 것에 대한 교육이라는 사실이 피부로 느껴지면서 강사로서의 커다란 사명감까지 생겼습니다.

많은 회사들이 6시그마로 전 임직원의 업무를 혁신하려던 시도가 있었으나, 한때의 유행처럼 지나가고 말았습니다. 문서 작성 교육을 일에 대한 사랑의 관점으로 시작하면, 이것은 더 이상 단순한 문서 교육이 아닙니다. 전 임직원이 이 책의 지침대로 기업의 문서자료를 작성할 수 있는 역량과 마인드를 갖는다면, 전사적 경영혁신 프로젝트 이상의 효과가 날 것입니다. 프레젠테이션과 업무문서에는 일에 대한 생각과 사랑이 반영되기 때문입니다. 사랑하는 마음으로 프레젠테이션을 준비한다면 기업의 탁월하고 성공적인 의사결정에 결정적인 영향력을 끼칠 것입니다. 진실이 감춰지고 형식적으로만 작성된 업무문서는 가짜 일의 대명사이지만, 생산성과 진정한 소통을 위해 만든 업무문서는 기업의 산소이자 필수 영양소가 되어주기 때문입니다.

  저 역시 앞서 말한 CEO를 만나기 전까지는 프레젠테이션과 업무문서 작성이 어쩔 수 없이 잘해야 하는 업무라 생각했었습니다. 그러나, 프레젠테이션과 문서 작성은 삶에 대한 사랑에서 시작하는 기업문화의 꽃이고 열매라는 것을 이제는 확신합니다! 이러한 지혜의 불빛을 더 넓은 세상에 전달할 수 있도록 용기를 주신 것에 대해 깊은 감사를 드립니다.

2020. 3. 15
정진석